KLEINE AUSZEITEN
IN DER

-SÄCHSISCHEN SCHWEIZ & DRESDEN-

KLEINE AUSZEITEN
IN DER

-SÄCHSISCHEN SCHWEIZ & DRESDEN-

BERND HILTMANN

WOCHENEND & WOHNMOBIL

CAMPING- & STELLPLÄTZE · HIGHLIGHTS · AKTIVITÄTEN

BRUCKMANN

INHALT

Pfaffenstein mit der Felsnadel Barbarine

KULTUR, GENUSS UND AKTIVURLAUB

In und um Dresden

Der Elberadweg verbindet das gesamte Reisegebiet.

Die Stadt Dresden mit ihrer Kunst- und Kulturszene wie auch die einmalige Landschaft der Sächsischen Schweiz und die Sächsischen Weinanbaugebiete sind erstklassige Reiseziele. An buchstäblich jeder Ecke stößt man auf die reiche sächsische Historie, maßgeblich geprägt von August dem Starken. Hier kommen Aktivurlauber mit Rad, Kanu und Wanderschuhen genauso auf ihre Kosten wie Spaziergänger, Kulturliebhaber oder Gourmets.

Die geologische Entstehung dieser Gegend reicht bis in die Kreidezeit zurück. Vor etwa 100 Millionen Jahren blieb nach dem Abfluss des Kreidemeeres eine 600 Meter dicke Sandsteinplatte zurück, die durch tektonische Vorgänge gehoben wurde und zerbrach. Die Elbe grub sich bis zu 300 Meter in diese poröse Sandsteinschicht ein und formte die sanfte Landschaft der heutigen Weingegend um Meißen, Radebeul und das Elbtal zwischen Dresden und Pirna. Weiter östlich formten Wind, Wasser, Frost, Erosion und vulkanische Kräfte die bizarren Formen des Elbsandsteingebirges, schufen Täler, Schluchten, Felsnadeln, Höhlen, Felsenriffe und Tafelberge. Dieser unerschöpfliche Formenreichtum mit bis zu 450 Metern Höhenunterschied macht den Reiz dieser Landschaft aus. Im 18. Jahrhundert durchstreiften vor allem die Maler der Dresdner Kunstakademie die schroffe Felsenwelt des Elbsandsteingebirges und machten mit ihren Gemälden die Gegend bekannt. Unter ihnen die zwei Schweizer Maler Anton Graff und Adrian Zingg, die den Begriff der Sächsischen Schweiz prägten. Im 19. Jahrhundert folgten dann so bekannte Romantiker wie Caspar David Friedrich und Ludwig Richter oder auch die berühmten Komponisten Carl Maria von Weber und Richard Wagner, die im Elbsandsteingebirge Inspiration für ihre Opern »Der Freischütz« und »Lohengrin« fanden. Auf den Spuren der romantischen Maler kamen immer mehr Reisende von Dresden in das nahe gelegene Elbsandsteingebirge und erkundeten die Gegend vorwiegend auf der sogenannten Malerstraße. Heute bietet die Sächsische Schweiz mit mehr als 1200 Kilometern markierten und ausgebauten Wanderwegen unterschiedlichen Schwierigkeitsgrades hervorragende Bedingungen für Wanderer, Aktivurlauber, Erholungsuchende und Naturliebhaber. Aber nicht nur Wanderer kommen auf ihre Kosten. Viele Highlights der Gegend wie die Bastei, die Festung Königstein, Rathen, Bad

Schandau, das Kirnitzschtal oder Schmilka kann man auch ohne Wanderschuhe recht bequem erreichen. Dies gilt umso mehr für Dresden und die umliegenden größeren Orte.

DIE ELBE MACHT DIE GEGEND CHARMANT

Das im vorliegenden Buch beschriebene Urlaubsgebiet wird auf seiner gesamten Länge, also von Diesbar-Seußlitz bis nach Schmilka, von der Elbe durchflossen. In Kurven und Mäandern bahnt sich der Fluss seinen Weg durch die bizarre Felsenwelt der Sächsischen Schweiz und bietet eine eindrucksvolle Kulisse für diese Landschaft. Die Elbe ist aber mehr als nur optisches Beiwerk, sie ist ein malerischer Verkehrsweg. Schon ab 1867 fuhren die Dampfschiffe der Sächsisch-Böhmischen Dampfschifffahrtsgesellschaft auf der Elbe. Nachdem die Schiffe 1928 einen weißen Anstrich erhielten, war auch ihr Name geboren, die »Weiße Flotte«. Heute ist eine Bootsfahrt auf der Elbe ein beliebtes Urlaubserlebnis, insbesondere dann, wenn man auf einem historischen Schaufelraddampfer wie vor 100 Jahren durch die Landschaft gleitet. Es gibt immer noch neun historische Dampfschiffe – das älteste ist die »Stadt Wehlen« von 1879 –, die liebevoll gehegt und gepflegt werden. Damit besitzt die Weiße Flotte Dresden die älteste und größte Raddampferflotte der Welt (saechsische-dampfschifffahrt.de).

Eine Dampferfahrt auf der Elbe gehört zum Urlaub.

Die Elbschleife um den Lilienstein

Wer es sportlicher oder individueller liebt, der sollte sich ein Kanu mieten, um gemächlich mit der Strömung seinem Ziel entgegenzupaddeln. Anbieter gibt es unter anderem in Königstein (kanu-aktiv-tours.de) und Dresden Wostra (kanudresden.de).

RADWEGE

Fast ebenso schön wie eine Bootstour auf der Elbe ist eine Fahrradtour entlang der Elbe. Der Elberadweg ist einer der beliebtesten Fernradwege Deutschlands, 2017 erhielt er schon das 13. Mal diese Auszeichnung. Über 1200 Kilometer führt er von der Quelle der Elbe im tschechischen Riesengebirge bis nach Cuxhaven. Das Teilstück zwischen Schmilka und Pirna (siehe Tour 8) und dann weiter an der Sächsischen Weinstraße bis nach Diesbar-Seußlitz (siehe Tour 3) zählt zu den landschaftlich schönsten Abschnitten des Elberadweges. Zwischen Pirna und Schmilka bzw. dem linkselbigen Schöna liegen gut 30 Kilometer schönster Radweg, meist mit gutem Belag, ohne Steigungen und immer ganz nah an der Elbe. Fantastische Aussichten auf die majestätischen Berge, die zerklüfteten Felsmassive des Elbsandsteingebirges und immer neue Blicke auf die Elbe machen den Reiz dieser Fahrradtour aus. Starten kann man an jedem Ort an der Elbe, wobei man die Strecke in eine Richtung fahren und die S-Bahn

Der Diebskeller ist die größte Schichtfugenhöhle der Sächsischen Schweiz.

für die Rückfahrt nutzen kann oder man fährt die Strecke hin und zurück mit dem Rad. Damit es nicht langweilig wird, verläuft der Elberadweg auf beiden Seiten des Flusses, mit Ausnahme des kurzen Teilstückes zwischen Halbestadt und Unterrathen. Die Ausgangspunkte unserer Touren sind damit auf dem Radweg schnell und bequem erreichbar.
Etwas anspruchsvoller sind die Radtouren durch den Nationalpark Sächsische Schweiz. Auf ausgewählten Wanderwegen, die speziell als Radrouten ausgewiesen sind, kann man den Nationalpark Sächsische Schweiz auch mit dem Rad erleben. Diese etwa 50 Kilometer sind mit einem grünen Wegweiser mit Fahrradlogo und der gelben Aufschrift Radroute gekennzeichnet. Es sind in der Regel schmale Wald- und Schotterwege, oft mit Steigungen und Bodenwellen. Auf diesen Wegen haben Wanderer immer Vorrang. Alle anderen Waldwege im Nationalpark sind für Radfahrer gesperrt.

CAMPING- UND STELLPLÄTZE

Die Gegend um Dresden und vor allem die Sächsische Schweiz erfreuen sich einer großen und zunehmenden Beliebtheit bei in- und ausländischen Touristen. Nicht wenige von ihnen reisen mit dem Wohnmobil an, sodass die Kapazitäten der Camping- und Stellplätze in der besten Reisezeit oder auch an den Wochenenden an ihre Grenzen kommen können. Ein freies Stehen ist in der Sächsischen Schweiz kaum möglich und wird auch nicht toleriert. Auf den Camping- und großen Stellplätzen empfiehlt sich eine rechtzeitige Reservierung. Die Campingplatzbetreiber versuchen natürlich stets auch ein Plätzchen für spontan anreisende Gäste zu finden. Darauf verlassen würde ich mich aber nicht. Die kleineren Stellplätze oder die Wohnmobilparkplätze – damit sind Parkplätze mit der Möglichkeit zu übernachten gemeint – haben in der Regel keine Ver- und Entsorgung. Hier gibt es auch keine Reservierungsmöglichkeit, also sollte man rechtzeitig anreisen. Einige Stell- und Campingplätze, wie zum Beispiel die Plätze in Oberrathen oder in Königstein, liegen ganz idyllisch direkt an der Elbe. Das ist ideal, um auf dem Elberadweg, mit der S-Bahn oder einem Elbdampfer die Tagesziele zu erreichen. Leider befindet sich auf der linken Elbseite auch die Bahntrasse. Wer also einen sehr leichten Schlaf hat, der ist wohl auf den Plätzen abseits der Elbe, etwa in Struppen, in Gohrisch, im Kirnitzschtal oder in Hohnstein, besser untergebracht.

Da das ganze Reisegebiet relativ klein ist und die Touren recht eng beieinanderliegen, ist es sehr gut möglich, diese zu kombinieren oder auch die vorgeschlagenen Camping- oder Stellplätze der benachbarten Touren zu nutzen. Letzteres gilt besonders für Camper mit Fahrrad.

Auf den teilweise ausgewiesenen Tagesparkplätzen darf mit dem Wohnmobil geparkt, aber nicht übernachtet werden. Sie eignen sich zum Beispiel für eine Besichtigung oder einen Ausflug am Abreisetag.

◀ Stellplätze auf dem Campingplatz Pirna-Copitz ▶ Camping Ostrauer Mühle

STRASSENVERHÄLTNISSE UND EINKAUFEN

Die in den Touren angegebenen Camping- und Stellplätze sind grundsätzlich auch mit großen Wohnmobilen erreichbar. Abseits der Bundesstraße 172, die von Pirna über Königstein und Bad Schandau bis nach Schmilka führt, können die Straßen aber recht eng sein. Das gilt besonders für die Ortschaften Struppen, Oberrathen, Gohrisch und die rechtselbig gelegenen Orte Hohnstein, Lohmen und Hinterhermsdorf. Unterrathen ist für Autos komplett gesperrt, die Stadt Wehlen ist eine Sackgasse, hier sollten die Parkplätze am Ortseingang benutzt werden.

Nach Ankunft am jeweiligen Campingplatz empfiehlt es sich, das Wohnmobil stehen zu lassen und die Gegend zu Fuß, mit dem Fahrrad oder den gut ausgebauten öffentlichen Verkehrsmitteln zu erkunden. Linkselbig fährt die S-Bahn von Dresden über Pirna bis nach Schöna. Mit den Fähren erreicht man dann bei Bedarf die andere Elbseite. Linien- und Wanderbusse, zum Teil mit Fahrradanhänger, Elbdampfer und Sonderbusse erschließen das gesamte Gebiet hervorragend. Auf den Campingplätzen in Pirna, Königstein und Sebnitz erhält man nach Entrichtung der Kurtaxe die »Gästekarte mobil«, welche die kostenfreie Benutzung fast aller öffentlichen Verkehrmittel in der Sächsischen Schweiz beinhaltet. Ausgenommen davon sind die Kirnitzschtalbahn, der Aufzug in Bad Schandau und die Fähre in Rathen. Der Einkauf im Supermarkt ist in der Sächsischen Schweiz in Pirna, Königstein, Bad Schandau und Sebnitz möglich. In den kleineren Ortschaften bieten Hof- oder Dorfläden ein kleines Sortiment an.

WANDERUNGEN UND INFORMATIONEN

Während bei den Touren 1 bis 5, also im Gebiet zwischen Meißen und Pirna, Kunst und Genuss im Fokus stehen, empfehlen sich die Touren 6 bis 12 in der Sächsischen Schweiz für Naturliebhaber und Aktivurlauber. Radfahren und Wandern sind beliebte Aktivitäten, für die der Elberadweg, die Radwege im Nationalpark und über 1200 Kilometer Wanderwege beste Voraussetzungen bieten. In vielen Reiseführern der Sächsischen Schweiz sind deshalb unzählige Wanderungen beschrieben. Das war nicht der Anspruch des vorliegenden Buches. Es soll keinen Wanderführer ersetzen. Vielmehr stehen die Sehenswürdigkeiten und Ausflugsziele im Vordergrund, was natürlich nicht ausschließt, dass bei den Touren 6 bis 12 auch speziell

◀ Manchmal führen nur Leitern zum Ziel. ▶ Gut ausgebaute Wanderwege

ausgewählte Wanderungen und Radtouren beschrieben sind. Weitere Anregungen findet man im Internet (über 700 Touren unter bergfex.de oder allgemeine Infos unter saechsische-schweiz.de), in den Touristinfos vor Ort oder in speziellen Wanderführern. Auch die Möglichkeit, Wanderungen mit Hund durchzuführen, kann man in den Touristinfos erfragen. Unbedingt zu beachten sind die Schwierigkeitsangaben der Wanderungen, die vom gemütlichen Spaziergang bis zu anspruchsvollen Klettertouren reichen. Trittsicherheit, Schwindelfreiheit und eine gewisse Kondition sind für Letztere erforderlich, da sie teilweise über enge Stiegen und Leitern führen oder auch mit Eisenklammern für den Aufstieg ausgebaut sind.
Eine der bekanntesten Wanderrouten in der Sächsischen Schweiz ist der **Malerweg**. Er zählt zu Deutschlands beliebtesten und abwechslungsreichsten Wanderungen. In acht Tagesetappen aufgeteilt, zieht er sich über 112 Kilometer durch die schönsten Gegenden der Sächsischen Schweiz. In unserer Tour 9 ist eine Wanderung durch das Schrammsteingebiet beschrieben, die weitestgehend der vierten Etappe des Malerweges folgt. Infobroschüren zum Malerweg und zu vielen anderen Themen, aber auch ausgewählte Karten und Bücher kann man auf der Website des Tourismusverbandes Sächsische Schweiz (saechsische-schweiz.de) vorab bestellen und teilweise auch downloaden. Darüber hinaus bieten die örtlichen Touristinfos spezielle Informationsbroschüren zur jeweiligen Region an.

NATURSCHUTZ UND SICHERHEIT DER WANDERWEGE

Der Nationalpark Sächsische Schweiz wurde 1990 gegründet und ist einer von 14 Nationalparks in Deutschland, jedoch der einzige Felsen-Nationalpark. Er erstreckt sich in zwei rechtselbigen Teilen über eine Fläche von 93,5 Quadratkilometern zwischen der Stadt Wehlen, Prossen, der Bastei und Hohnstein sowie zwischen den Schrammsteinen und der tschechischen Grenze. Zusammen mit den dazwischen liegenden und den linkselbigen Landschaftsschutzgebieten entstand so die Nationalparkregion Sächsische Schweiz, die sich jenseits der Grenze im Nationalpark Böhmische Schweiz fortsetzt. Im Nationalpark sind Kernzonen ausgewiesen, die einen maximalen Schutz genießen. Hier gilt ein Wegegebot, für Hunde Leinenzwang sowie ein Rauch-, Kletter- und Campingverbot. Außerdem darf nichts gepflückt oder mitgenommen werden, auch keine Beeren. Im Gebiet des Nationalparks erfolgen keine forstwirtschaftlichen Eingriffe. Der bisher sehr einseitig bewirtschaftete Wald soll sich von selbst, nach dem Grundsatz »Natur Natur sein lassen«, in einen Naturwald zurückverwandeln. Dieser Prozess wird in der Waldhusche in Hinterhermsdorf (Tour 11) anschaulich dargestellt. In bestimmten Waldstücken, auch begünstigt durch den massiven Borkenkäferbefall, ist die Standsicherheit der Bäume nicht immer gegeben. Ganze Waldbereiche oder einzelne Wanderwege sind teilweise nicht mehr sicher begehbar und müssen temporär gesperrt werden. Deshalb empfiehlt es sich, vor einer Wanderung beim Campingplatzbetreiber, in der örtlichen Touristinfo, auf der Website der Nationalparkverwaltung (nationalpark-saechsische-schweiz.de) oder beim

◀ Umgestürzte Bäume im Wandergebiet ▶ Windbruch

Im Winter hat die Sächsische Schweiz ihren ganz besonderen Reiz.

Wegeservicetelefon der Nationalparkverwaltung (Tel. 035022/502 40, täglich 9–18 Uhr) entsprechende Informationen einzuholen. Man sollte auch beachten, dass die Benutzung der Wanderwege immer auf eigene Gefahr erfolgt.

WINTERERLEBNISSE

Für die beschriebene Region liegt, sieht man mal von Dresden und den größeren Orten ab, die beste Reisezeit zwischen Frühjahr und Herbst. Zunehmend entwickelt sich aber die Sächsische Schweiz auch zu einer sehr reizvollen Winterurlaubsgegend. Bei Winterwanderungen erlebt man die bizarre Bergwelt von einer ganz anderen Seite. Nichts ist überlaufen und in vielen Orten, auch als Wintertraumorte bezeichnet, gibt es ganz besondere Angebote. Das Winterdorf Schmilka ist da vielleicht zuerst zu nennen, aber auch Bad Schandau, das Kirnitzschtal oder Königstein sind auf Winterurlauber sehr gut vorbereitet. Ein Highlight ist der romantisch-historische Weihnachtsmarkt auf der Festung Königstein (siehe Tour 8). Aber auch der Weihnachtsmarkt in Pirna, der Dresdner Striezelmarkt oder die Aktion »Wein und Licht auf Schloss Wackerbarth« sind einen Besuch wert. Einige Campingplätze haben ganzjährig geöffnet und die meisten Stell- und die einfachen Wohnmobilparkplätze haben keine Saisonzeiten. Zur Sicherheit sollte man vorher anrufen oder sich im Internet informieren. Zu erwähnen sei noch, dass in den Orten Gohrisch und Hinterhermsdorf im Winter auch die Langlaufpisten gespurt sind und auf Wintersportler warten.

KULTURELLER HÖHEPUNKT DER REGION

Dresden ist immer eine Reise wert

Malerisches Dresdner Altstadtpanorama mit Dampferanlegestellen

1

Die auch als Elbflorenz bezeichnete Stadt punktet mit unzähligen Superlativen. Mit dem Zwinger, der Frauenkirche und dem Residenzschloss finden sich hier einige der schönsten Bauwerke Deutschlands. Dazu gibt es weltberühmte Museen und ein vielseitiges Kulturleben.

Betrachtet man die berühmte Elbsilhouette, das bekannteste und schönste Panorama der von Barock und Historismus geprägten Stadt, dann kann man sich vielleicht vorstellen, was die Dresdner am 13. und 14. Februar 1945 erleiden mussten, als alliierte Bomber dieses einmalige städtebauliche Ensemble annähernd dem Erdboden gleichgemacht haben. Der nicht konfliktfreie Wiederaufbau der Stadt ist bis heute nicht vollständig abgeschlossen. Bis 1965 wurden der Zwinger, die Hofkirche und weitere historische Gebäude in der Altstadt denkmalgerecht wiederaufgebaut. In anderen Teilen der Stadt wurde die historische Struktur der Stadt zugunsten einer »großzügigen modernen Bebauung« aufgegeben. 1985 konnte die Semperoper nach achtjähriger Bauzeit wiedereröffnet werden und auch der Aufbau des Stadtschlosses begann in den 1980er-Jahren, wurde aber erst 2021 im Wesentlichen abgeschlossen. Eines der größten Bauprojekte in der Dresdner Altstadt nach der Wiedervereinigung war die Umgestaltung und weitestgehende Neubebauung des Neumarktes mit dem Wiederaufbau der Frauenkirche. Hervorgegangen aus einer Bürgerinitiative konnte sich die spätere Fördergesellschaft Frauenkirche auf einen großen Rückhalt in der Dresdner Bevölkerung, aber auch auf viele Unterstützer und Freundeskreise in ganz Deutschland und weiteren 20 Ländern stützen. Seit 2005 prägt die vielleicht schönste Kirche Deutschlands wieder das Panorama der Stadt und stellt die Geschlossenheit des Neumarktes her. Von den Wohnmobilstellplätzen in der Stadt ist die Altstadt fußläufig erreichbar.

DER DRESDNER ZWINGER

Der **Zwinger** ist bis heute eines der imposantesten Barockensembles Deutschlands. Er wurde zwischen 1709 und 1728 vom Architekten Matthäus Daniel Pöppelmann und dem Bildhauer Balthasar Permoser aus sächsischem Sandstein geschaffen. Auftraggeber und Initiator bei der Planung und Umsetzung war August der Starke, Kurfürst von Sachsen und König von Polen. Anfangs eher als Orangerie geplant, entwickelte sich der

1

Zwinger immer mehr zum Lustgarten, zum Ort für Festlichkeiten und zur Darstellung von Reichtum und Macht. Dem diente auch die Unterbringung der herrschaftlichen Sammlungen im Zwinger ab 1728. Ab diesem Zeitpunkt wurde der Zwinger zum Wissensort. Die naturwissenschaftlichen Sammlungen, das Kupferstich-Kabinett und eine Bibliothek wurden in den Zwingerräumlichkeiten untergebracht. Später kamen der Mathematisch-Physikalische Salon und die Porzellansammlung dazu. Damals wie heute fasziniert das imposante **Kronentor**, welches als Triumphbogen die beiden Langgalerien verbindet. Von hier öffnet sich der von Bogengalerien, drei Pavillons und dem Nymphenbad eingefasste Festplatz mit den typischen Brunnen und Rasenrabatten. Zur Elbseite hin war der Zwinger lange Zeit unvollendet, da hier der Neubau eines Schlosses geplant war. Ab 1847 wurde dann durch Gottfried Semper der Zwingerhof durch einen Galeriebau im Stil der Hochrenaissance geschlossen. Als eines der wichtigsten Museumsprojekte des 19. Jahrhunderts beherbergt der sogenannte **Semperbau** (Sempergalerie) die Gemäldegalerie Alte Meister und die Skulpturensammlung.

Der Dresdner Zwinger – Lustgarten August des Starken

Theaterplatz mit Hofkirche, Schloss und dem König-Johann-Denkmal

THEATERPLATZ UND SEMPEROPER

Verlässt man den Zwinger in Richtung Elbe, dann steht man direkt auf dem schönsten historischen Platz Dresdens, dem **Theaterplatz**. Ebenfalls von Gottfried Semper konzipiert, war er damals wie heute der kulturelle Mittelpunkt der Stadt. In der Mitte des kopfsteingepflasterten Platzes steht das Reiterdenkmal für König Johann. Um den Platz gruppieren sich Semperoper, Sempergalerie, Residenzschloss, Hofkirche, Erlweins Italienisches Dörfchen und Schinkels Altstädter Wache.

Dominiert wird der Theaterplatz von dem imposanten Bauwerk der **Semperoper**. Gottfried Semper schuf von 1838 bis 1841 an dieser Stelle das neue königliche Hoftheater, welches aber schon nach 28 Jahren durch einen Brand vollständig zerstört wurde. Nur zwei Jahre später wurde mit dem Bau des Zweiten Königlichen Hoftheaters begonnen, welches dann nach der Zerstörung durch alliierte Bomben erneut aufgebaut und am 13. Februar 1985, dem 40. Jahrestages der Bombardierung Dresdens, wiedereröffnet wurde. Schon von außen ist die Semperoper ein architektonisches Juwel. Das Hauptportal wird von einer aus Bronze gegossenen Panther-Quadriga gekrönt. Zu beiden Seiten des Eingangs stehen Statuen von Goethe und Schiller. Die prunkvolle Gestaltung der Fassade setzt sich im Innern fort. Eine Besichtigung dieser weltberühmten Opernspielstätte ist ein Muss für jeden Dresden-Besucher. Sollte man keine Karten für eine Aufführung ergattern können, so ist zumindest eine Führung durch das Opernhaus zu empfehlen.

Die Semperoper ist eine der bedeutendsten Spielstätten Europas.

KATHOLISCHE HOFKIRCHE UND RESIDENZSCHLOSS

An der gegenüberliegenden Seite des Theaterplatzes, nur wenige Schritte von der Semperoper entfernt, steht die beeindruckende ehemalige **Katholische Hofkirche** und heutige Kathedrale und Bischofskirche des Bistums Dresden-Meißen. Sie ist eine der größten Kirchen in Sachsen. Friedrich August I., Kurfürst des protestantischen Sachsens (August der Starke), war wegen der polnischen Krone zum Katholizismus übergetreten und brauchte deshalb eine katholische Kirche, aber erst sein Sohn Friedrich August II. gab, gegen einigen Widerstand der Dresdner Bürger, die Hofkirche 1736 in Auftrag. So erhielt die protestantische Residenzstadt eine katholische Hofkirche. Ihr imposanter, 86 Meter hoher Turm dominiert die Altstadtsilhouette. Eine Besonderheit ist das weit ausladende Kirchenschiff, in das auch der Prozessionsgang integriert wurde, da katholische Prozessionen unter freiem Himmel damals in Dresden nicht gestattet waren. Der Bau der Hofkirche kostete bis zur Kirchweihe im Jahre 1751 dreimal so viel wie die Frauenkirche. Dies war der langen Bauzeit und der üppigen künstlerischen Ausstattung der Kirche geschuldet. Außen beeindrucken die 74 Heiligenstatuen auf dem Dach der Kirche und im Inneren steht die letzte der drei Dresdner Silbermannorgeln mit 3000 Pfeifen. Von der Hofkirche führt ein Verbindungsgang über die Chiaverigasse zum **Residenzschloss**. Über Jahrhunderte war das Schloss das Machtzentrum der sächsischen Kurfürsten und Könige. Baugeschichtlich ist es von Bedeutung, weil neben Renaissance und Barock weitere Baustile wie Romanik, Gotik und

Historismus das Bauwerk prägen. Seit 1986 wurde das fast vollständig zerstörte Schloss wiederaufgebaut. Es beherbergt heute fünf erstrangige Museen – das Historische Grüne Gewölbe, das Neue Grüne Gewölbe, das Münzkabinett, das Kupferstichkabinett und die Rüstkammer im Riesensaal.

Tipp

Eine Besteigung des Hausmannsturmes im Schloss bietet vielfältige An- und Aussichten. Über 222 Stufen geht es bis zur Aussichtsplattform in 39 Metern Höhe. Auf dem Weg nach oben passiert man die große Schlossuhr, deren ausgefeilte Technik man hinter Glas betrachten kann. Oben angekommen hat man einen herrlichen Ausblick über die gesamte Altstadt und das Elbpanorama.

FRAUENKIRCHE UND NEUMARKT

Auf dem Weg vom Schlossplatz zum Neumarkt begleitet uns in der Augustusstraße der **Fürstenzug**. Dieses 102 Meter lange Wandbild, einst als Sgraffito geschaffen, wurde 1906 auf 23 000 Kacheln aus Meissener Porzellan übertragen. Das als weltweit größtes Porzellanwandbild geltende Kunstwerk stellt die Ahnengalerie der zwischen 1127 und 1873 herrschenden 35 Markgrafen, Kurfürsten, Herzöge und Könige des Fürstenhauses der Wettiner dar.

Der Fürstenzug zeigt die Ahnengalerie der Wettiner als Porzellanwandbild.

1

Der **Neumarkt** blieb nach der Bombardierung bis zur deutschen Wiedervereinigung als Freifläche um die Ruine der **Frauenkirche** bestehen. Erst mit dem Wiederaufbau der Frauenkirche und der dadurch ausgelösten regen Bautätigkeit wurde der Neumarkt mit Gebäuden im Stile des Dresdner Barock bebaut. Nach den Plänen der Dresdner Stadtverwaltung sollte der Platz eher im modernen Stil bebaut werden. Den Dresdner Bürgerprotesten und der Bürgerinitiative Gesellschaft Historischer Neumarkt Dresden ist es zu verdanken, dass der Neumarkt in seiner heutigen Form weitestgehend der ehemals barocken Bebauung entspricht. Es ist einer der schönsten Plätze Deutschlands entstanden, natürlich gekrönt durch den prägenden Monumentalbau der Frauenkirche. George Bähr baute die Kirche von 1726 bis 1743 vollständig aus sächsischem Sandstein. Sie besitzt eine der größten steinernen Kirchenkuppeln und gilt bis heute als eine der größten Sandsteinbauten der Welt. Einen Tag nach der Bombardierung Dresdens stürzte die ausgebrannte Frauenkirche in sich zusammen und begrub sprichwörtlich die letzten Hoffnungen der Dresdner unter sich. Bis 1994 stand die Ruine als Mahnmal gegen den Krieg auf dem Neumarkt. Durch den Wiederaufbau in den Jahren 1994 bis 2005 wurde den Dresdnern ihr Wahrzeichen und ein Stück ihrer Identität wiedergegeben. Eine Besichtigung der Unterkirche und des Kirchenraumes ist problemlos im Rahmen der offenen Kirche möglich. Darüber hinaus werden verschiedene thematische Führungen und die Möglichkeit zum Kuppelaufstieg angeboten.

BRÜHLSCHE TERRASSE UND DAS ELBPANORAMA

Ausklingen lassen kann man den kleinen Altstadtspaziergang auf der **Brühlschen Terrasse**, dem Balkon Europas, wie die einstige Stadtbefestigung schon vor hundert Jahren genannt wurde. Hier kann man herrlich flanieren, auf der einen Seite die Elbe mit ihren Dampferanlegestellen, auf der anderen Seite die Altstadt mit der Kunstakademie, dem Albertinum, der Hochschule für Bildende Künste und weiteren historischen Gebäuden. Durch die Münzgasse geht der Blick noch einmal zur Frauenkirche, die vielen Restaurants in dieser Gasse animieren zur Einkehr. Über eine große Freitreppe betritt man wieder den Schlossplatz. Von hier überspannt die historische Augustusbrücke die Elbe und führt direkt zum **Neustädter Markt** mit dem Goldenen Reiter, der berühmten Goldstatue August des Starken.

◀ Wiederaufgebaute Frauenkirche ▶ Goldener Reiter am Neustädter Markt

EINKAUFEN UND FLANIEREN

Am Goldenen Reiter beginnt die **Hauptstraße**, eine weitläufige, mit schattenspendenden Bäumen bewachsene Einkaufsstraße. Sie führt als Fußgängerzone bis zum Artesischen Brunnen am Albertplatz. Hier kann man spazieren, einkaufen und sich in einem der zahlreichen Cafés oder Restaurants verwöhnen lassen. Auch die Kunst kommt nicht zu kurz. In der Hauptstraße 11 erwartet der Galerist Boris Hecht die Besucher und im benachbarten Kügelgenhaus, übrigens ein kulturhistorisch wertvolles Bürgerhaus aus der Zeit August des Starken, ist heute das Museum der Dresdner Romantik und im historischen Gewölbekeller der Dresdner Comedy & Theater Club zu Hause. Kurz vor dem Albertplatz liegt rechts die Neustädter Markthalle aus dem späten 19. Jahrhundert, links steht die Dreikönigskirche. Den Rückweg sollte man über die **Königsstraße** nehmen. Sie verläuft vom Albertplatz bis zum Japanischen Palais und stellt einen angenehmen Gegensatz zur Hauptstraße dar. Inmitten barocker Archi-

Das Dach der Kunstakademie – im Volksmund Zitronenpresse genannt

tektur und schmucker Innenhöfe sind hier viele Restaurants, exklusive Geschäfte und Kunstgalerien angesiedelt. Da im Krieg kaum beschädigt, stellt das Wohnviertel um die »Dresdner Kö« den Baustil des bürgerlich-sächsischen Barocks in seiner ursprünglichen Form dar.
Die als Einkaufs- und Flaniermeile bekannte **Prager Straße**, zwischen 1851 und 1853 als Verbindung zwischen dem heutigen Hauptbahnhof und dem Altmarkt gebaut, hatte nicht dieses Glück. Durch den Krieg war hier alles zerstört und musste neu aufgebaut werden. Vor dem Zweiten Weltkrieg wurde sie im gleichen Atemzug mit den Champs-Elysees, dem Kurfürstendamm oder dem Wenzelsplatz genannt. Der Neuaufbau erfolgte im zeitgenössischen Baustil. Sehens- und erlebenswert ist diese Einkaufsstraße trotzdem. Die Wohn-, Hotel- und Bürogebäude sind mit flachen Ladenzeilen verbunden. Cafépavillons und Freiluftrestaurants werden mit Wasserspielen und Blumenrabatten aufgelockert. Bedeutende Bauwerke der Moderne sind das Rundkino von 1972, gleich daneben der 1998 eröffnete Kristallpalast des Wiener Architekturbüros Himmelb(l)au und die im Jahre 2009 neuerbaute Centrumgalerie.

SZENEVIERTEL NEUSTADT UND KUNSTHOFPASSAGE

Am Albertplatz, dem Schnittpunkt von Hauptstraße und Königsstraße, beginnen die lebendigen Dresdner Stadtteile Äußere Neustadt und **Hechtviertel**. Sie liegen beiderseits der Königsbrücker Straße und bieten heute einen angenehmen Gegensatz zur vornehmen Inneren Neustadt und zur historischen Altstadt. Im 19. Jahrhundert entstand hier eines der größten Gründerzeitviertel Deutschlands, das auch die Bombardements am 13. und 14. Februar 1945 fast unbeschadet überstand. Selbst der geplante Abriss in den 1980er-Jahren konnte durch viel Bürgerengagement verhindert werden. Mit dem politischen Umbruch 1989 gründete sich die Bürgerinitiative »IG Äußere Neustadt«, die sich für eine sozial ausgewogene Erneuerung des Stadtteils einsetzte. Heute ist der auch als Szene- und Kneipenviertel bezeichnete Stadtteil viel mehr als nur das. Hier leben aufgeschlossene Menschen, Künstler, Familien mit Kindern, Studenten, Einwanderer aus aller Herren Länder, Punks und Party-People. Eine Mischung aus Urbanität, Kreativität und Gelassenheit. Bei einem Bummel durch das Viertel sollte man sich einfach treiben lassen, um die vielen kleinen Details und

1

die sinnlichen Aha-Erlebnisse zu entdecken. Besonders sehenswert sind die **Kunsthofpassage** zwischen Görlitzer Straße und Alaunstraße mit interessanter Architektur, Restaurants und Kunsthandwerk oder auch **Pfunds Molkerei** in der Bautzener Straße 79, dem laut Guinness-Buch der Rekorde schönsten Milchladen der Welt.
Abends verwandelt sich der Stadtteil in ein großes Ausgehviertel mit über hundert Kneipen von elegant bis schrill, etlichen Clubs, Theatern und Kinos.

Tipp

Eine ganz außergewöhnliche Stadtführung entführt die Gäste in die alternative Szene der Dresdner Neustadt. Kultur, Architektur, Subkultur, Kneipen, Nachtleben und lokale Kunst sind die Themen dieses abendlichen Kurztrips. Mit den besten Insidertipps kann man dann den Rest des Abend in dieser interessanten Gegend verbringen (getyourguide.de).

Einkaufs- und Flaniermeile Prager Straße

Pfunds Molkerei ist laut Guiness-Buch der schönste Milchladen der Welt.

NOCH ETWAS KUNST GEFÄLLIG?

Dresden verfügt über eine vielseitige Museumslandschaft. Etwa 50 Museen, einige davon von absolutem Weltrang, können in der Stadt besucht werden. Auf alle Fälle sollte man die **Gemäldegalerie Alte Meister** im Zwinger und das **Historische Grüne Gewölbe** im Residenzschloss auf seiner Liste haben. In der Gemäldegalerie werden etwa 700 Meisterwerke aus dem 15. bis 18. Jahrhundert ausgestellt. Schwerpunkte bilden italienische Meister der Hochrenaissance und des Barocks sowie holländische und flämische Maler. Das bekannteste Kunstwerk der Dresdner Gemäldegalerie ist wohl die Sixtinische Madonna von Raffael.

Das Grüne Gewölbe ist die Schatzkammer August des Starken, die er zwischen 1723 und 1730 anlegen ließ. Im historischen Teil hat man bewusst auf Vitrinen verzichtet, die Objekte stehen auf Konsolen vor aufwendig gestalteten Wänden. Zahlreiche Spiegel lassen das barocke Gesamtkunstwerk noch opulenter wirken. Nur im Juwelenzimmer liegen die Schätze in gesicherten Glasvitrinen. Hier ereignete sich im November 2019 der spektakuläre Juwelenraub, bei dem einzigartige Schmuckstücke von unschätzbarem Wert geraubt wurden.

Eine Etage höher befindet sich das Neue Grüne Gewölbe, in dem ganz besondere Einzelstücke ausgestellt werden. Bekannt ist der Dresdner Grüne Diamant, mit 41 Karat einer der größten weltweit, oder der Kirschkern mit 185 geschnitzten Gesichtern. Zu beachten ist, dass in beiden Museen die Besucheranzahl reglementiert ist. Karten sollten also rechtzeitig gekauft oder vorbestellt werden.

AUF EINEN BLICK

Info

STADT/REGION: Dresden/Sachsen
BESTE REISEZEIT: Ganzjährig
OPTIMALE REISEDAUER: 2–3 Tage
TOURISTINFO: Dresden Information, QF-Passage, Neumarkt 2, Tel. 0351/50 15 01, dresden.de; Touristinfo Dresden, Münzgasse 2, Tel. 0351/65 31 88 82, touristeninformation-dresden.de; Tourbuchung über GetYourGuide, getyourguide.de

SEHENSWÜRDIGKEITEN

ZWINGER: der-dresdner-zwinger.de
SEMPEROPER: semperoper.de
HOFKIRCHE: zu-gast-in-dresden.de
RESIDENZSCHLOSS: www.skd.museum
FÜRSTENZUG: geschichte-der-fliese.de
NEUMARKT: neumarkt-dresden.de
FRAUENKIRCHE: frauenkirche-dresden.de
BRÜHLSCHE TERRASSE: zu-gast-in-dresden.de
HAUPTSTRASSE: hauptsache-hauptstrasse.de
PRAGER STRASSE: dresden.de
KUNSTHOFPASSAGE: kunsthof-dresden.de
PFUNDS MOLKEREI: pfunds.de
GEMÄLDEGALERIE ALTE MEISTER: gemaeldegalerie.skd.museum
GRÜNES GEWÖLBE: gruenes-gewoelbe.skd.museum

CAMPINGPLATZ DRESDEN-MOCKRITZ

ADRESSE: Boderitzer Str. 30, 01217 Dresden, Tel. 0351/471 52 50, cbm-camping.de
GPS: 51°00′52.0″N 13°44′53.0″E 51.014431, 13.748056
Ruhig gelegener überschaubarer Campingplatz, Restaurant, kleiner Pool, Freibad nebenan, Bus zur Innenstadt und täglich 10 Uhr Stadtrundfahrt ab Platz, Rad- und Rollerverleih, Entfernung zur Altstadt 6 km, ganzjährig (außer Februar) geöffnet

◀ Parkplatz Wiesentorstraße ▶ Komfort-Stellplatz bei Schaffer-Mobil

CAMPINGPLATZ DRESDEN-WOSTRA

ADRESSE: An der Wostra 7, 01259 Dresden, Tel. 0351/20 27 86 78, dresden.de

GPS: 50°59'55.4"N 13°52'05.8"E 50.998713, 13.868272

Alternativer Platz für Dresdenbesucher, Entfernung zur Altstadt 14 km, siehe auch Tour 4

CARAVANINGPARK DRESDEN BEI SCHAFFER-MOBIL

ADRESSE: Kötzschenbroder Str. 125, 01139 Dresden, Tel. 0351/83 74 80, schaffer-mobil.de

GPS: 51°05'06.0"N 13°40'53.0"E 51.085000, 13.681389

Komfortstellplatz bei Caravanhändler, Ver- und Entsorgung, auch ohne Übernachtung, gute Nahverkehrsanbindung, Mietwagenangebot, nahe Elberadweg, Entfernung zur Altstadt 9 km, nach Radebeul 2 km, ganzjährig nutzbar

WOHNMOBILPARKPLATZ WIESENTORSTRASSE

GPS: 51°05'06.0"N 13°40'53.0"E 51.085000, 13.681389

Ausgewiesene Stellplätze auf einem Parkplatz an der Elbe, direkt gegenüber der Altstadt, Ver- und Entsorgungsstation, Stromanschlüsse, aktives Umfeld, in die Altstadt zu Fuß 700 m, ganzjährig nutzbar

WOHNMOBILPARKPLATZ AM BLÜHERPARK

GPS: 51°02'39.2"N 13°44'35.7"E 51.044222, 13.743250

Stellplatz nahe der Altstadt, städtisches Umfeld (Bauarbeiten), Ver- und Entsorgungsstation, Stromanschlüsse, Duschen in der City-Herberge, in die Altstadt zu Fuß 1,3 km, ganzjährig geöffnet

TAGESPARKPLATZ PIESCHENER ALLEE 18

GPS: 51°03'47.9"N 13°43'42.2"E 51.063295, 13.728389

Bei der Marienbrücke, Fußweg zur Altstadt 1,5 km

ZENTRUM DES SÄCHSISCHEN WEINANBAUS

Radebeul und Moritzburg

Das Barockschloss Moritzburg steht auf einer künstlichen Insel.

2

In Radebeul dreht sich fast alles um den Wein. Viele kleine Winzerhöfe, aber auch große Marken sind hier zu Hause. Die sächsischen Weine kamen auch bei den höfischen Festen der sächsischen Monarchen in Moritzburg auf den Tisch. Das Schloss ist einen Besuch wert. Westernfans zieht es zu Karl Mays Geburtshaus.

Radebeul, nur etwa zehn Kilometer elbabwärts von Dresden entfernt, liegt im malerischen Obst- und Weinanbaugebiet Lößnitz. Hier wird seit 800 Jahren die Weinbautradition gepflegt. Bekannte Weingüter wie Schloss Wackerbarth oder das Weingut Hoflößnitz fühlen sich der Weinbautradition ebenso verpflichtet wie viele kleinere Winzer in Radebeul und im Meißner Umland. Im 16. Jahrhundert übernahm das sächsische Herrscherhaus einige Weinberge aus Klosterbesitz. Zahlreiche Lustschlösser entstanden in den Ortsteilen Nieder- und Oberlößnitz. Ende des 19. Jahrhunderts wurden im Elbtal ganze Weinberge durch die Reblaus zerstört. Die Grundstücke in den ehemaligen Weinterrassen wurden zur Bebauung freigegeben und zogen reiche Bürger an, die hier ihre Sommerresidenzen errichteten. Sie begründeten den Ruf Radebeuls als sächsisches Nizza. Auch in der Stadt wurde zu dieser Zeit rege gebaut, 1200 Gebäude in Radebeul stehen unter Denkmalschutz. Dazu zählen viele der Dreiseitenhöfe auf dem historischen Dorfanger Altkötzschenbroda, heute die Restaurant- und Ausgehmeile der Radebeuler, Dresdner und ihrer Gäste. Das vielleicht bekannteste Haus in Radebeul ist die »Villa Shatterhand«, Wohn- und Arbeitsort von Karl May und heute Karl-May-Museum. Den Kurztripp ins nahe gelegene Moritzburg sollte man nicht verpassen, mit der historischen Lößnitzgrundbahn wird er zu einem doppelten Erlebnis.

VOM DORFANGER ZUR AMÜSIERMEILE

Altkötzschenbroda, zu DDR-Zeiten von zunehmendem Verfall gekennzeichnet, sollte in den 1980er-Jahren abgerissen werden. Eine moderne Bebauung mit Plattenwohnbauten war vorgesehen. Glücklicherweise wurde der Plan nicht gleich umgesetzt und nach der politischen Wende 1991 wurde der Dorfanger zum Sanierungsgebiet erklärt. Bis in die 2000er-Jahre dauerte es, dann war der historische Dorfkern weitestgehend authentisch wiederhergestellt. Heute befinden sich in den historischen Gebäuden und

Dreiseitenhöfen vorrangig Gaststätten, Cafés und Kneipen, aber auch kleine Läden und regionale Kunstgalerien. Es macht einfach Spaß über den Dorfanger mit seinem lebendigen Flair zu flanieren, in den Höfen einen Kaffee oder Wein zu trinken und die sächsische Gastlichkeit zu genießen. Am Ende des Dorfangers angekommen, beeindruckt die große **Friedenskirche**. Sie hat auch eine historische Bedeutung, denn im zugehörigen Pfarrhaus wurde 1645 der Dreißigjährige Krieg zwischen Sachsen und Schweden mit dem Waffenstillstand von Kötzschenbroda beendet. Altkötzschenbroda liegt direkt am Elberadweg, ist also gut erreichbar. Parken ist auf dem Parkplatz an der Festwiese tagsüber möglich.

Tipp

Am letzten Septemberwochenende wird das Herbst- und Weinfest in Altkötzschenbroda gefeiert. Während des Festes werden auch sonst öffentlich nicht zugängliche Höfe und Kellergewölbe zum Ausschank geöffnet. Zeitgleich findet das Internationale Wandertheaterfestival auf dem Anger und auf den nahe gelegenen Elbwiesen statt (weinfest-radebeul.de).

Dorfanger von Altkötzschenbroda als beliebte Restaurant- und Ausgehmeile

Schloss Wackerbarth gehört zur gleichnamigen Wein- und Sektmanufaktur.

WEIN- UND SEKTMANUFAKTUR NEBEN DEM HISTORISCHEN SCHLOSSPARK

Die Sektmarke Schloss Wackerbarth ist überregional zur Kultmarke geworden. Das liegt nicht nur an dem guten sächsischen Grundwein, sondern auch an der handwerklichen Methode der Flaschengärung. Nach der Gär- und Reifezeit werden die Flaschen vier Wochen lang jeden Tag von Hand gerüttelt. Die Produktion in der modernen gläsernen Wein- und Sektmanufaktur und natürlich entsprechende Verkostungen kann man bei verschiedenen Führungen erleben. Ebenso werden von April bis September Wanderungen durch die Weinberge angeboten. Die gut gepflegten Weinberge liegen im Denkmalschutzgebiet **Historische Weinberglandschaft Radebeul** und zeichnen sich durch ihre jahrhundertealten Terrassen und die einzigartigen Böden aus vulkanischem Verwitterungsgestein aus. Direkt neben der Manufaktur liegt das Highlight der Anlage, der historische **Schlosspark** mit dem namensgebenden Schloss. Von 1727 bis 1730 ließ sich Generalfeldmarschall und Reichsgraf August Christoph von Wackerbarth dieses Barockschloss erbauen und nannte es vorsorglich Wackerbarths Ruh'. Wackerbarth stand als oberster Bauminister in den Diensten von August dem Starken, der schon einmal einen Altersruhesitz von Wackerbarth, das Schloss im Barockgarten Großsedlitz, für sich beanspruchte. Die gepflegte Anlage lädt heute zu verschiedensten Veranstaltungen ein, hier kann man zu jeder Jahreszeit schlemmen und genießen. Von Mai bis Oktober wird täglich Weinsommer unter dem Motto »Kulinarik und Musik« geboten und im Winterhalbjahr verwandelt sich der Schlosspark in eine

Hoch über den Radebeuler Weinbergen steht das historische Spitzhaus.

winterliche Welt aus Licht, Musik, Kunst und Genuss. Zahlreiche Gourmetangebote mit den saisonalen Schwerpunkten Spargel, Wild, Fisch oder Geflügel, alles aus der Region und natürlich immer in Verbindung mit den guten sächsischen Weinen, runden das Angebot ab. Da Wein und Sekt hier natürlich immer im Mittelpunkt stehen, ist es sehr praktisch, dass der Weg bis zum Wohnmobil auf dem hauseigenen Stellplatz nicht weit ist. Wer am Abend noch etwas ganz anderes erleben möchte, für den steht die **Sternwarte Radebeul** mit thematischen Veranstaltungen jeweils am Wochenende bereit. Sie befindet sich direkt über den Weinbergen von Schloss Wackerbarth (sternwarte-radebeul.de).

KURFÜRSTLICHES WEINGUT HOFLÖSSNITZ

Ein weiteres sehenswertes Weingut mit langer Historie ist das **Gut Hoflößnitz**. Einst kurfürstliches Weingut und ländlicher Rückzugsort der Wettiner ist das heute denkmalgeschützte Ensemble ein Zentrum der sächsischen Weinkulturlandschaft. Das 1650 vom sächsischen Kurfürsten Johann Georg I. erbaute **Lust- und Berghaus** ist ein kulturhistorisches Kleinod. Der wertvollste Schatz ist der opulent ausgestattete Festsaal im Obergeschoss. Die Wände sind mit Pilaster und Gesimse untergliedert und reich bemalt. Gleiches gilt für die Kassettendecke, die durch den Niederländer Albert Eyckhout mit Gemälden exotischer Vogelarten aufwendig verziert wurde. Heute finden hier regelmäßig Kammerkonzerte

statt. Im Rahmen einer Führung sind der Festsaal und die angrenzenden kurfürstlichen Gemächer zu besichtigen. Im Untergeschoss befindet sich das **Sächsische Weinbaumuseum**.
Den Hoflößnitzer Biowein kann man in Weinverkostungen kennenlernen. Vielleicht ist es aber noch schöner, den Wein auf der Weinterrasse mit herrlichem Blick über Radebeul selbst auszuwählen und zu probieren und sich mit winzertypischen Speisen verwöhnen zu lassen.
Wenn noch etwas Bewegung gewünscht wird, dann empfiehlt sich der Aufstieg zum **Bismarckturm** und zum Ausflugsrestaurant **Spitzhaus**. Eine gut ausgebaute Treppe führt über 397 Stufen durch die Weinberge in luftige Höhen. Im Spitzhaus, wo sich schon Gräfin Cosel mit August dem Starken vergnügte, kann man auch heute gut einkehren. Das Beste ist aber der grandiose Ausblick vom Panoramarestaurant oder der Sonnenterrasse über das Elbtal bis nach Dresden. Noch etwas höher hinaus geht es mit der Besteigung des Bismarckturmes, der nur reichlich 100 Meter neben der Gaststätte steht.

KARL-MAY-HAUS

Wer kennt ihn nicht, unseren Karl May? Er gehört noch heute weltweit zu den beliebtesten deutschen Schriftstellern. Die meisten von uns haben schon als Kind die spannenden Geschichten mit den Romanhelden Winnetou, Old Shatterhand und Kara Ben Nemsi verschlungen. In unserer Fantasie entstanden die Bilder vom Wilden Westen und vom Indianerleben. Genau diesem Thema widmet sich die hervorragende Ausstellung im alten Wild-

◀ Pavillon im Schlosspark Wackerbarth ▶ Lust- und Berghaus im Weingut Hoflößnitz

2

west-Blockhaus Villa Bärenfett, es steht im Garten des **Karl-May-Museums**. Über 600 ethnologische Objekte aus dem 18. und 19. Jahrhundert bieten einen einmaligen Einblick in die Kultur der Ureinwohner Nordamerikas. Im ehemaligen Wohnhaus Karl Mays, dem heutigen Karl-May-Museum, ist neben seinem Arbeitszimmer und der umfangreichen Bibliothek auch die berühmte **Waffensammlung** mit Silberbüchse, Bärentöter und Henrystutzen zu sehen. Die Waffen stammen von einem Kötzschenbrodaer Büchsenmacher und haben, ebenso wie Karl May selbst, zum Zeitpunkt der Entstehung der Erzählungen Nordamerika oder den Orient niemals gesehen. Karl May gab sich lange Zeit selbst als Old Shatterhand und Kara Ben Nemsi aus und verstrickte sich immer weiter in diese Legende. Spätestens während seiner Orientreise 1899/1900 platzte das Lügenkonstrukt. Er wurde als Hochstapler angeprangert. Die Leser waren empört, und doch blieb die Begeisterung für seine Erzählungen und Bücher bestehen. Heute sind seine Werke in 30 Sprachen übersetzt, mehr als 200 Millionen Bücher wurden bisher gedruckt. Gerade die Verknüpfung von Genialität und Pseudologie machen Karl May und sein Leben bis heute so interessant. Seit 1992 werden am Wochenende nach Himmelfahrt die **Karl-May-Festtage** im **Lössnitzgrund** bei Radebeul veranstaltet. Nicht nur für eingefleischte Westernfans, sondern für die ganze Familie wird hier Außergewöhnliches geboten. Mit der Kulisse der dampfgetriebenen Lössnitzgrundbahn entsteht hier eine einmalige Wild-West-Szenerie. Rund um die Westernstadt »Little Tombstone« und entlang des Lössnitzgrundes finden in verschiedenen

◀ Villa Bärenfett im Karl-May-Museum ▶ Überfall bei den Karl-May-Festspielen

Die historische Lößnitzgrundbahn dampft wie vor 100 Jahren durchs Tal.

Camps unzählige Veranstaltungen statt, bei denen die Gäste nicht nur Zuschauer, sondern Teil der Show sind. Höhepunkte sind das Pow Wow am »Hohen Stein«, wo amerikanische Ureinwohner unterschiedlichster Stämme ihre Kultur vorstellen, und der traditionelle Sternritt hunderter Teilnehmer, die aus allen Teilen Deutschlands nach Radebeul kommen.

MAN KÖNNTE GLAUBEN, dass die Ansiedlung des deutschen Lügenmuseums in Radebeul etwas mit Karl Mays Hochstapelei zu tun hat, aber dem ist nicht so. Das vom Objektkünstler Reinhard Zabka gegründete und geführte Museum kam erst 2012 aus dem brandenburgischen Kyritz nach Radebeul. Wenn man bereit ist, sich auf dieses Kuriositätenkabinett einzulassen, dann kann man hier eine sehr aufschlussreiche und kurzweilige Zeit verbringen (Kötzschenbrodaer Str. 39, 01445 Radebeul, geöffnet Sa und So 13–18 Uhr, luegenmuseum.de).

DAS LUSTSCHLOSS AUGUST DES STARKEN

Nur zehn Kilometer von Radebeul entfernt liegt **Moritzburg** mit seinem gleichnamigen Schloss. Herzog Moritz von Sachsen ließ es 1542 bis 1546 als Jagdhaus im Stile der Renaissance errichten. Seine heutige Gestalt erhielt das Schloss 1723 bis 1733. August der Starke beauftragte den Oberlandesbaumeister Matthäus Daniel Pöppelmann mit dem Umbau und der Erweiterung zu einem prächtigen Jagdschloss. Das Schloss liegt absolut idyllisch inmitten eines künstlich angelegten Teiches. Mit sieben Sälen und über 200 Räumen war es ein repräsentativer Ort für ausschweifende Feste und Ausgangspunkt großangelegter kurfürstlicher Jagden mit Hunderten

Als Kulisse für Seeschlachten entstand der Binnenleuchtturm Moritzburg.

Teilnehmern. Heute beherbergt das Schloss ein **Barockmuseum**. Es sind Prunkräume mit Originalmöbeln, bemalten Ledertapeten und mit dem Himmelbett August des Starken zu besichtigen. In den Baldachinhimmel und die Seitenvorhänge des Prunkbettes sind über eine Million Federn verschiedenster Vögel eingewebt. Porzellan mit Jagdszenen, Gemälde, eine Trophäensammlung und die verschiedensten Kutschen sind außerdem zu besichtigen. Hinter dem Schloss lädt ein Park im französischen Stil zu Spaziergängen ein. Das Schloss war auch Kulisse für mehrere Filme. Am bekanntesten ist dabei der Märchenfilm »Drei Haselnüsse für Aschenbrödel«. Das Umfeld von Schloss und Stadt wird durch die **Moritzburger Teichlandschaft** geprägt. Die ehemals 40 Teiche wurden um 1500 angelegt, um den sumpfigen Friedwald trockenzulegen. Hier gibt es herrliche Wander- und Radwege. Ein Spaziergang vom Schloss Moritzburg sollte unbedingt zum **Fasanenschlösschen** führen. Es kann im Sommerhalbjahr auch innen besichtigt werden. Gemeinsam mit dem benachbarten Fasanengarten, dem kleinen Hafen und dem Leuchtturm am Großteich bildete dieses Ensemble die Kulisse für rauschende Feste. Auf dem Großteich wurden zur Belustigung der höfischen Gesellschaft sogar Seeschlachten nachgestellt. Moritzburg ist für einen Tagesauflug von Radebeul oder vom Campingplatz im Bilzbad mit dem Rad, aber auch mit der historischen **Lößnitzgrundbahn** erreichbar.

Tipp

Die historische Lößnitzgrundbahn von 1884 benutzt noch heute Dampfloks und historische Eisenbahnwagen. Während der Karl-May-Festtage ist die Bahn Kulisse und Bühne zugleich, so bei den traditionellen Überfällen in Westernmanier. Aber auch zu allen anderen Zeiten ist die Fahrt mit der umgangssprachlich »Lößnitzdackel« genannten Kleinspurbahn ein Erlebnis. Von Radebeul Ost bis nach Radeburg führt die 16 Kilometer lange Strecke. Das Karl-May-Museum, der Campingplatz im Bilzbad und natürlich Moritzburg mit Schloss sind mit der Kleinbahn und einem kurzen Fußweg erreichbar (loessnitzgrundbahn.de).

Wer mit dem Wohnmobil nach Moritzburg kommt, der findet Tagesparkplätze auf dem Kutschgeteichparkplatz an der Radeburger Straße.

AUF EINEN BLICK

Info

STADT/REGION: Radebeul, Moritzburg/Dresdner Elbland
BESTE REISEZEIT: Ganzjährig
OPTIMALE REISEDAUER: 2–3 Tage
TOURISTINFO: Touristinfo Radebeul, Hauptstraße 12, Tel. 0351/831 18 30, radebeul.de; Amt für Kultur und Tourismus – Touristeninformation, Altkötzschenbroda 21, 01445 Radebeul, altkoetzschenbroda.de;
Touristinfo Moritzburg, Schlossallee 3b, Tel. 035207/85 40, kulturlandschaft-moritzburg.de

SEHENSWÜRDIGKEITEN

ALTKÖTZSCHENBRODA: altkoetzschenbroda.de
SCHLOSS WACKERBARTH: Wackerbarthstraße 1, 01445 Radebeul, Tel. 0351/89550, schloss-wackerbarth.de
WEINGUT HOFLÖSSNITZ: Knohllweg 37, 01445 Radebeul, Tel. 0351/839 83 33, hofloessnitz.de
PANORAMA-RESTAURANT SPITZHAUS: Spitzhausstraße 36, 01445 Radebeul, Tel. 0351/830 93 05, spitzhaus-radebeul.de
KARL-MAY-MUSEUM: Karl-May-Str. 5, 01445 Radebeul, Tel. 0351/837 30 10, karl-may-museum.de
SCHLOSS MORITZBURG: Schlossallee, 01468 Moritzburg, Tel. 035207/873 18, schloss-moritzburg.de

CAMPING IM BILZBAD RADEBEUL

ADRESSE: Meiereiweg 108, 01445 Radebeul, Tel. 0171/646 68 65, bilz-camping.de
GPS: 51°07'25.0"N 13°38'54.7"E 51.123617, 13.648540
Idyllisch im Wald gelegen, Frei- und Wellenbad im Gelände, Entfernung zur Lößnitzgrundbahn 600 m, nach Moritzburg 6 km, nach Radebeul 4 km, geöffnet Mai bis Oktober

CAMPINGPLATZ AM BADESEE COSWIG-KÖTITZ

ADRESSE: Brockwitzer Str. 33, 01640 Coswig, Tel. 03523/70 02 20, badesee-coswig.de

◀ Camping im Bilzbad Radebeul ▶ Freibad am Campingplatz Coswig-Kötitz

GPS: 51°07'13.7"N 13°33'52.1"E 51.120460, 13.564468
Großer Komfort-Campingplatz am Badesee mit Freibad, ruhige Lage an einem Nebenarm der Elbe, Radweg direkt neben dem Platz, Entfernung nach Radebeul über Elberadweg 6 km, nach Meißen 9 km, geöffnet April bis Oktober

WOHNMOBILSTELLPLATZ SCHLOSS WACKERBARTH

ADRESSE: Meißner Str. 353/Wackerbarthstraße 1, 01445 Radebeul, Tel. 0351/895 50, schloss-wackerbarth.de
GPS: 51°06'46.2"N 13°37'07.6"E 51.112827, 13.618787
Einfacher Stellplatz gegenüber dem Schloss Wackerbarth (andere Straßenseite), kein Service, nahe Bahnlinie, ganzjährig nutzbar

WOHNMOBILPARKPLATZ SCHLOSS MORITZBURG

ADRESSE: Schlossallee 4, 01468 Moritzburg
GPS: 51°09'49.5"N 13°40'42.7"E 51.163757, 13.678534
Wohnmobilstellplätze auf dem Parkplatz direkt am Schloss, vier Stromanschlüsse, sonst kein Service, ganzjährig nutzbar

PARKPLATZ FESTWIESE ALTKÖTZSCHENBRODA

GPS: 51°06'15.0"N 13°37'37.4"E 51.104176, 13.627068
Großer Tagesparkplatz direkt am historischen Dorfanger, bei Veranstaltungen gesperrt

PARKPLATZ KUTSCHGETEICH MORITZBURG

GPS: 51°10'02.5"N 13°41'18.4"E 51.167372, 13.688436
Parkplatz zwischen Schloss Moritzburg und Fasanenschlösschen, guter Ausgangspunkt für Spaziergänge, keine Übernachtung

DIE WIEGE SACHSENS

Meissen, die ehemalige Residenzstadt

Albrechtsburg, Bischofsschloss und Dom bestimmen die Silhouette von Meißen.

Noch heute spürt man den Hauch der Geschichte in dieser ehemaligen Residenzstadt. Historische Gebäude säumen die Altstadtgassen, auf dem Burgberg thront der Dom neben der Albrechtsburg und dem Bischofsschloss. Ein Besuch der Meissener Porzellanmanufaktur gehört ebenso zum Programm wie ein Ausflug in die umliegenden Weinberge.

Den Zweiten Weltkrieg überstand Meißen mit seiner Barock- und Renaissancebebauung ohne größere Schäden. Trotzdem schien die in der DDR-Zeit vernachlässigte Altstadt von Meißen Ende der 1980er-Jahre dem Totalverfall sehr nahe zu sein. Von den 420 Gebäuden, viele davon waren Baudenkmäler, waren zur Wendezeit gerade mal sieben ohne Bauschäden. 1987 wurden in der Innenstadt heimlich Plakate mit dem Slogan »Besuchen Sie Meißen, solange es noch steht« angebracht. Ein Zeichen für den Frust der Meißner Bürger über den sozialistischen Staat, der es nicht schaffte, das kulturelle Erbe zu erhalten. Seitdem ist viel passiert. Heute erleben die Besucher sanierte Häuser mit schönen Fassaden, romantische Ecken, kleine Läden und Cafés, Gaststätten und Kneipen, und über allem thront der Domplatz mit der weltbekannten Albrechtsburg und dem alles überragenden Dom.

ALTSTADTSPAZIERGANG

Den Besuch der Stadt kann man direkt vom Elbeparkplatz aus starten. Hier besteht die Möglichkeit, das Wohnmobil tagsüber zu parken und mit Blick auf Burg und Dom auch zu übernachten. In den elbenahen Straßen sind die Auswirkungen der letzten Hochwasserkatastrophen teilweise noch zu sehen. Je weiter man zum Altstadtzentrum kommt, um so lieblicher wird die Architektur. Am **Heinrichsplatz**, unmittelbar vor dem ehemaligen Franziskanerkloster und dem heutigen Stadtmuseum, steht der Heinrichsbrunnen mit dem Denkmal von König Heinrich I. Er gründete 929 an strategisch exponierter Stelle die Burg Misnia, aus der sich dann die Marktsiedlung Meißen und später die heutige Stadt im Elbtal entwickelte. Wenige Schritte weiter steht man auf dem **Marktplatz**, der eingerahmt ist vom Meißner Rathaus mit seinen typischen Renaissance-Scheingiebeln, dem Hirschhaus mit dem historischen Portal von 1624, der Marktapotheke, der Frauenkirche und dem Bennohaus des Bischofs Benno, der volksnah

3

am Markt wohnen wollte. Der Turm der Frauenkirche kann bestiegen werden und das Glockenspiel der Kirche aus Meissener Porzellan ist vom Marktplatz aus zu sehen. Mehrmals täglich ist es auch zu hören. Bei einem Kaffee oder einem Eis kann man pausieren und die Stimmung der alten Stadt auf sich wirken lassen. Der Fußweg zum Burgberg führt vom Markt über die **Burgstraße**. Hier sind zahlreiche kleine Läden mit Kunsthandwerk, Antiquitäten und den typischen Souvenirs angesiedelt.

AUF DEM BURGBERG

Man kann den Burgberg mit einem Panoramaufzug von der Meisastraße aus barrierefrei erreichen. Schöner ist natürlich der Aufstieg über die Schlossstufen am Ende der Burgstraße oder die stillen Frauen- und Afrastufen, die neben der historischen Gaststätte Vincenz Richter beginnen. Durch das Torhaus betritt man den Domplatz mit der spätmittelalterlichen **Albrechtsburg** und der eindrucksvollen Kulisse des gotischen **Doms**. Die zwei imposanten Türme wurden erst 1909 fertiggestellt, vielleicht ein Grund, warum Johann Wolfgang von Goethe 1813 an seine Frau schrieb: »Der Dom … hat aus mehreren Ursachen äußerlich nichts Anziehendes, inwendig aber ist es das schlankste, schönste aller Gebäude jener Zeit, die

Markt Meißen mit Apotheke und Hirschhaus (links)

◀ Über die Burgstraße hoch zum Dom … ▶ … und zur Albrechtsburg

ich kenne.« Heute prägt der Dom mit seinen zwei Türmen die Silhouette von Meißen. Im Inneren beeindruckt er die Besucher noch genauso wie seinerzeit Goethe mit dem fast filigran wirkenden gotischen Kreuzrippengewölbe und der wertvollen Ausstattung. Besonders zu erwähnen sind hier die überlebensgroßen Figuren von den Gründern des Bistums Meißen Kaiser Otto I. und Kaiserin Adelheid von Burgund aus dem 13. Jahrhundert, die Altarleuchter und das Kruzifix aus Meissener Porzellan sowie die wertvollen Altargemälde aus der Werkstatt von Lucas Cranach dem Älteren. Direkt neben dem Dom erhebt sich majestätisch die Albrechtsburg. Sie wurde ab 1471 auf dem Burgberg als repräsentatives Verwaltungszentrum und Wohnschloss von den Brüdern Kurfürst Ernst und Herzog Albrecht errichtet und gilt als erster Schlossbau Deutschlands. Zu dieser Zeit wurde Sachsen noch von Meißen aus regiert, deshalb auch die Bezeichnung »Wiege Sachsens«. Noch vor der Fertigstellung der Albrechtsburg trennten sich die Wege der Brüder. Die albertinische Linie wählte Dresden als Residenzstadt und übernahm von dort die Regierungsgeschäfte in Sachsen. In der lange Zeit weitgehend ungenutzten Burg siedelte August der Starke 1710 die **Königliche Porzellanmanufaktur** an. Abgeschottet von der Außenwelt konnte hier in geheimer Fertigung das »weiße Gold« hergestellt werden. Die Albrechtsburg gilt als einzigartiges Zeugnis der Spätgotik. Neue Formen und Bautechniken wurden erstmals in solcher Perfektion umgesetzt, dass sie die Besucher bis in die Gegenwart in Erstaunen versetzen. Heute befindet sich in der Burg ein sehenswertes Museum zu Meißens großer Geschichte. Zum Begriff »Wiege Sachsens«, jedoch in einem anderen Kontext, passt auch, dass am 3. Oktober 1990 auf der Albrechtsburg der neue Freistaat Sachsen proklamiert wurde.

◀ Die imposanten Türme des Doms ▶ Historisches Weinrestaurant in der Altstadt

Das dritte repräsentative Gebäude auf dem Burgberg ist das **Bischofsschloss**. Es wird heute als Amtsgericht genutzt. Von seinem Hof aus hat man einen schönen Ausblick auf das zu beiden Seiten der Elbe liegende Meißen und auf die rechtselbigen Weinberge.

DIE MEISSENER PORZELLANMANUFAKTUR

So viel Kunstschätze und einmalige Architektur Meißen auch aufweisen kann, bekannt und weltberühmt ist die Stadt durch die gleichnamige **Porzellanmanufaktur** geworden. Wesentlichen Anteil an der Erfindung des Meissener Porzellans hat Johann Friedrich Böttger, ein Apothekergeselle, der schon während seiner Lehre in der Berliner Apotheke Friedrich Zorn heimlich alchemistische Experimente durchführte und behauptete, er könne Gold aus minderwertigeren Rohstoffen herstellen. Ob er selbst daran glaubte oder ob er ein Hochstapler war, ist schwer zu bewerten. In Dresden, auf der Festung Königstein und auf der Albrechtsburg wurde er festgehalten, um seine alchemistischen Versuche zum Erfolg zu bringen. Gold konnte er bekannterweise nicht schaffen. Gemeinsam mit Walther von Tschirnhaus und Gottfried Pabst von Ohain gelang es ihm jedoch 1707 das rote »Böttger Steinzeug« und ein Jahr später erste Scherben des weißen »holländischen Porzellans« herzustellen. Im Jahre 1710 verkündete man die Erfindung des Porzellans nach neuer Rezeptur. Die Meissener Porzellanmanufaktur wurde bis 1863 auf der Albrechtsburg betrieben, dann zog sie um in ein neu errichtetes Gebäude im Meißner Triebischtal, dem heutigen Standort. Hier ist man auf die vielen Besucher aus aller Welt gut eingerichtet. Schauwerkstatt und Museum können mit öffentlicher Führung oder selbstständig mit Audioguide besucht werden. Man erhält einen anschaulichen Einblick in die verschiedenen Arbeitsschritte zur Herstellung des Meissener Porzellans und im Museum kann man die Vielfalt der Meissener Porzellane von 1710 bis in die Gegenwart erleben. Natürlich kann man im Store auch Meissener Porzellan kaufen oder sich über das Angebot informieren und im »Café und Restaurant Meissen« von edlem Geschirr speisen. Sollte noch mehr Interesse an Meissener Porzellan bestehen, dann sei an dieser Stelle auf die umfangreichste Sammlung an historischem Meissener Porzellan in der südlichen Bogengalerie des Dresdner Zwinger verwiesen (siehe Tour 1).

Im Museum der Meissener Porzellanmanufaktur

3

ELBWEINDÖRFER UND WEINGÜTER

Meißen gilt neben Radebeul als Zentrum des sächsischen Weinbaus. Malerische kleine Weindörfer und stattliche Weingüter liegen an der **Sächsischen Weinstraße**, die von Diesbar-Seußlitz bis nach Pirna führt. Das Teilstück zwischen Meißen und dem nur 13 Kilometer entfernt liegenden Diesbar-Seußlitz hat seinen ganz besonderen Reiz. Am schönsten kann man es mit dem Rad auf dem rechtselbigen Elberadweg erfahren. Noch in der Stadt gelegen ist die **Weinerlebniswelt Meißen** am Bennoweg einen Besuch wert. Im ehemaligen kurfürstlichen Weingut ist heute die Winzergenossenschaft ansässig. Zahlreiche Veranstaltungen, von Führungen durch die beeindruckenden Kelleranlagen über Weinproben bis zu Jeeptouren in die umliegenden Weinberge, werden angeboten. Ein kurzes Stück elbabwärts liegt das beeindruckende Weingut **Schloss Proschwitz**. Es ist das älteste private Weingut Sachsens. 1945 entschädigungslos enteignet, kaufte seit 1990 der heutige Besitzer, Dr. Georg Prinz zur Lippe, die elterlichen Weinberge und das Schloss seiner Eltern Zug um Zug zurück und baute das Weingut wieder auf. Auch hier sind vielfältige Veranstaltungen rund um den Wein und das Weingut im Angebot. Der Park ist frei zugänglich, das Schloss nur zu Veranstaltungen. Weiter durch das Elbtal erreicht man über die Weindörfer Zadel und Nieschütz

Im Park vom Weingut Schloss Proschwitz

◀ Auch in Diesbach-Seußlitz … ▶ … gedeiht der gute sächsische Wein

den lieblich gelegenen Ort **Diesbar-Seußlitz**. Hier befindet sich ein großer Parkplatz mit ausgewiesenen Wohnmobilstellplätzen zum Übernachten. Interessante Wanderungen beginnen im Ort und gute Tipps gibt es im Besucherzentrum Sächsische Weinstraße im **Barockschloss Seußlitz**. Das Schloss mit dazugehörigem Park ist auf jeden Fall einen Besuch wert. Schon 1205 als Wasserschloss erwähnt, wurde es ab 1272 als Nonnenkloster genutzt. Im Jahre 1722 kaufte der sächsische Kanzler Heinrich Graf von Brünau das Anwesen und ließ es nach den Plänen von George Bähr, dem Baumeister der Dresdner Frauenkirche, zu einer dreiflügeligen barocken Schlossanlage umbauen. Gleichzeitig wurde die alte Kirche zur Schlosskirche erweitert und ein zauberhafter **Schlossgarten** im französischen und englischen Gartenbaustil errichtet. Im Garten stehen Skulpturen, die aus der Werkstatt des bedeutenden barocken Bildhauers Balthasar Permoser stammen. Schlossgarten und Kirche sind frei zugänglich. Oberhalb der Schlossanlage steht in den Weinbergen die Heinrichsburg, ein Gartenpavillon, der ebenfalls nach Bährs Plänen erbaut und nach dem Bauherrn Heinrich Graf von Brünau benannt wurde. Der kurze Aufstieg lohnt sich, denn von hier hat man einen wunderschönen Blick über die Schlossanlage, den Park, den Ort Diesbar-Seußlitz und das Elbtal bis hinüber zum **Schloss Hirschstein** auf der anderen Elbseite.

Tipp

Im ehemaligen Pferdestall des Rittergutes von Schloss Seußlitz hat die sächsische Weinkönigin von 2013 eine kleine, aber feine Weinwirtschaft, das **WeinReich**, eröffnet. Neben Raritäten aus Sachsen werden ausgewählte Weine der 13 deutschen Weinhoheiten ausgeschenkt. Katharina Lai bietet Weinführungen oder eine Fahrt im Oldtimerbus durch die Weinberge an (An der Weinstraße 7, 01612 Diesbar-Seußlitz, Tel. 0172/792 71 93, elbweinevents.de)

AUF EINEN BLICK

Info

STADT/REGION: Meißen und Diesbar-Seußlitz/ Sächsische Weinstraße
BESTE REISEZEIT: Ganzjährig
OPTIMALE REISEDAUER: 2–3 Tage
TOURISTINFO: Touristinfo Meißen, Markt 3, Tel. 03521/419 40, touristinfo-meissen.de; Tourismusinformation Diesbar-Seußlitz im Haus des Gastes, An der Weinstraße 1a, Tel. 035267/509 09, weindoerfer.de

SEHENSWÜRDIGKEITEN

STADTMUSEUM MEISSEN: Heinrichsplatz 3, Tel. 03521/45 88 57, stadt-meissen.de/stadtmuseum.html
ALBRECHTSBURG: Domplatz 1, Tel. 03521/470 70, albrechtsburg-meissen.de
DOM MEISSEN: Domplatz 7, Tel. 03521/45 24 90, dom-zu-meissen.de
STAATLICHE PORZELLAN-MANUFAKTUR MEISSEN: Talstraße 9, Tel. 03521/468 66 30, erlebniswelt-meissen.com
SÄCHSISCHE WINZERGENOSSENSCHAFT MEISSEN: Bennoweg 9, Tel. 03521/78 09 70, winzer-meissen.de
WEINGUT SCHLOSS PROSCHWITZ: Heiliger Grund 2, Tel. 03521/40 60 49, schloss-proschwitz.de
BAROCKSCHLOSS SEUSSLITZ: An der Weinstraße 1, 01612 Nünchritz, Tel. 035267/555 65

PARKPLATZ AM ELBUFER

ADRESSE: Hochuferstraße, 01662 Meißen, Tel. 03521/419 40, touristinfo-meissen.de
GPS: 51°10'04.6"N 13°28'24.2"E 51.167944, 13.473389
Einfacher, stadtnaher Parkplatz an der Elbe. Nach der Einfahrt links halten. Der für Wohnmobile reservierte Bereich liegt am Ende des Parkplatzes, direkt am Elbufer. Kein Service, schräge Plätze, Tagesparken und Übernachten möglich, nicht ganz ruhig wegen naher Straße, ganzjährig nutzbar.

◀ Stellplatz Elbufer in Meißen ▶ Am Schloss Seußlitz kann man gut stehen.

WOHNMOBILSTELLPLATZ AM FREIZEITBAD WELLENSPIEL

ADRESSE: Berghausstraße 2, 01662 Meißen, Tel. 03521/70 11 30, wellenspiel.de

GPS: 51°10'04.6"N 13°28'24.2"E 51.167944, 13.473389

Weitläufiger Stellplatz an einem Freizeitbad, knapp 3 km bis zur Altstadt, gute Busverbindung, Ver- und Entsorgung, teilweise langes Stromkabel notwendig, Duschen im Bad möglich, geöffnet April bis Oktober

CAMPINGPLATZ REHBOCKTAL

ADRESSE: Rehbocktal 4, 01665 Klipphausen, Tel. 03521/40 48 27, camping-rehbocktal.de

GPS: 51°08'20.8"N 13°29'53.4"E 51.139098, 13.498158

Familiär geführter kleiner Campingplatz, etwa 3 km von Meißen entfernt, direkt am Elberadweg, geöffnet April bis Oktober

WOHNMOBILSTELLPLATZ AM HOTEL LANDHAUS NASSAU

ADRESSE: Nassauweg 1, 01662 Meißen, Tel. 03521/73 81 60, landhotels-meissen.de

GPS: 51°10'17.4"N 13°31'01.4"E 51.171500, 13.517056

Ruhig gelegener Stellplatz am Hotel, Entfernung zur Altstadt 3,5 km, Ver- und Entsorgung, Frühstück im Hotel möglich, ganzjährig nutzbar

STELLPLATZ AM SCHLOSS SEUSSLITZ

GPS: 51°10'17.4"N 13°31'01.4"E 51.171500, 13.517056

Ruhiger Stellplatz für sechs Wohnmobile, direkt am Schloss und am Elberadweg, Stromanschlüsse vorhanden, sonst kein Service, ideal zum Besuch von Schloss Seußlitz, die Weindörfer und Spaziergänge über die Weinberge, ganzjährig nutzbar

DIE ÖSTLICHEN STADTTEILE DRESDENS

Pillnitz, Loschwitz und Weisser Hirsch

Das Bergpalais von Schloss Pillnitz als Pendant zum elbseitigen Wasserpalais

4

Dresdens heutiger Stadtteil Loschwitz war schon vor 200 Jahren ein beliebtes Ausflugsziel. Dann machte die Reblaus dem Weinbau ein Ende und die Elbhänge wurden zu begehrten Villenstandorten. Gleich zwei historische Bergbahnen erschließen den oberen Ortsteil und den Weißen Hirsch. Ausflüge zu den Elbschlössern und zum Schloss Pillnitz gehören zum Pflichtprogramm.

Die östlichen Vororte von Dresden zogen lange Zeit Künstler und Schriftsteller, aber auch hohe Beamte und Fabrikanten an. Die dörfliche Struktur von Loschwitz, die auch heute noch teilweise im historischen Ortskern zwischen Körnerplatz und Elbe vorhanden ist, wurde durch herrschaftliche Villen ergänzt und ersetzt. Sie prägten den Ort und vor allem den ehemaligen Kurort Weißer Hirsch als gehobene Wohnstandorte. Neben dem »Blauen Wunder«, eine der bekanntesten Elbebrücken überhaupt, wurden in Loschwitz um die Jahrhundertwende noch eine Schwebebahn und eine Standseilbahn errichtet. Die Attraktivität der sonnigen Elbhänge erkannte auch Albrecht Prinz von Preußen, der ab 1850 zwei Schlösser hoch über der Elbe errichten ließ. Schon 130 Jahre vor dem Bau der Elbschlösser begann August der Starke, das ehemalige Rittergut Pillnitz zum barocken Renaissanceschloss auszubauen. Heute sind Schloss und Park Pillnitz touristische Höhepunkte.

DER VIELSEITIGE STADTTEIL LOSCHWITZ

Vom empfohlenen Campingplatz Wostra erreicht man in wenigen Minuten mit dem Rad oder mit öffentlichen Verkehrsmitteln den Schillerplatz im Stadtteil **Blasewitz**. Hier ist noch nicht viel von der erwarteten Beschaulichkeit zu spüren. Der Platz ist ein mit Gründerzeithäusern eng bebauter Verkehrsknotenpunkt. Bankfilialen, viele Läden, Restaurants, ein Einkaufszentrum und ein Multiplexkino säumen die Straßen. Empfehlenswert ist ein Besuch im **Schillergarten**. Hier kann man sich im größten Biergarten Dresdens oder im Restaurant, direkt an der Elbe und mit Blick auf die Loschwitzer Elbhänge, mit sächsischen Spezialitäten verwöhnen lassen. Der Name Schillergarten kommt nicht von ungefähr. Friedrich Schiller war zwischen 1785 und 1787 während seines Aufenthaltes in Loschwitz mehrfach in dem Wirtshaus zu Gast und verewigte die Gastwirtstochter sogar

4

im ersten Teil seiner Wallenstein-Trilogie. Während Schiller von Loschwitz aus, wo er ein Sommerhaus gemietet hatte, immer erst auf die Fähre warten musste, kommt man heute in den Stadtteil Loschwitz bequem über das **Blaue Wunder**. Die historische Brücke von 1893 ist ein Wahrzeichen von Dresden und eine technische Meisterleistung. Auf Loschwitzer Seite erreicht man als Erstes den **Körnerplatz**, einen sehr stark befahrenen Verkehrsknotenpunkt mit einer geschlossenen Gründerzeitbebauung, aber schon in den angrenzenden Nebenstraßen zeigt sich der dörfliche Charme. Über die Damm- oder Friedrich-Wieck-Straße geht es in den alten Ortskern mit vielen kleinen Läden, kunsthandwerklichen Werkstätten und künstlerischen Galerien. Kleine Restaurants laden zu einer Pause ein und direkt am Elbufer liegt der Elbegarten, ein kultiger Biergarten mit langer Tradition.

Ein Festival der Farben im Rhododendrenpark Wachwitz

Die Loschwitzer Schwebebahn auf der Fahrt zur Bergstation Oberloschwitz

Erwähnt sei noch die Loschwitzer Kirche an der Pillnitzer Landstraße, der erste Kirchenbau von George Bähr, dem späteren Erbauer der Frauenkirche. Und im Schillerhäuschen an der Schillerstraße soll Friedrich Schiller sein Drama »Don Carlos« und die Ode »An die Freude« geschrieben haben. Eine kleine Ausstellung erzählt über den Schriftsteller und seine Zeit in Dresden.

HOCH HINAUS MIT DEN BERGBAHNEN

Als ob das Blaue Wunder nicht schon genug historische Ingenieursleistung verkörpern würde, hat Loschwitz noch weitere technische Attraktionen zu bieten. Da wäre die 1901 erbaute **Loschwitzer Schwebebahn**. Sie ist die älteste Bergschwebebahn der Welt. Anfangs noch mit einer Dampfmaschine betrieben, läuft sie seit 1909 mit einem zuverlässigen Elektromotor und bringt die Fahrgäste in gemächlicher Fahrt von der Talstation an der Pillnitzer Landstraße nach Oberloschwitz. Die Bergstation fungiert gleichzeitig als Aussichtsplattform und bietet einen schönen Blick auf die Elblandschaft, das Blaue Wunder und Dresden. Als Rückweg empfiehlt sich ein Spaziergang durch die schönen Loschwitzer Wohnviertel und die Weinberge von **Wachwitz**.

Von Oberloschwitz hat man einen guten Ausblick auf das Blaue Wunder.

Tipp

Oberhalb der Pillnitzer Landstraße, etwas östlich von Loschwitz, liegt inmitten der ehemals königlichen Weinberge der Rhododendrenpark Wachwitz. Hier, in unmittelbarer Nähe zum Wachwitzer Schloss und zur königlichen Villa, entstand 1972 ein Juwel der Parkanlagen. 200 Sorten und 60 Rhododendrenarten blühen von April bis Juni und erzeugen ein Festival der Farben (Wachwitzer Weinberg 1, 01326 Dresden, sachsen-erkunden.de).

Und noch eine Bergbahn haben sich die Loschwitzer gegönnt. Die **Standseilbahn** vom Körnerplatz hinauf zum Weißen Hirsch ist sogar noch sechs Jahre älter, aber ebenso gut in Schuss wie die Schwebebahn. Es macht einfach Spaß, in fünf Minuten eine Strecke von 547 Metern hoch oder runter zu fahren und dabei knapp 100 Höhenmeter zu überwinden. Oben angekommen steht man schon fast im Luisenhof, der Dresdner Traditionsgaststätte, die genauso alt ist wie die Schwebebahn. Wegen des Standorts hoch über der Elbe wird der **Luisenhof** auch als »Balkon Dresdens« bezeichnet. Von seiner Terrasse aus hat man bei guter Sicht einen unvergesslichen Blick über Dresden und das Elbtal.

4

EIN PRIVILEGIERTER WOHNSTANDORT

Das heutige Gebiet des **Weißen Hirsch** wurde erstmals 1420 erwähnt. 1867 wurde durch den Dresdner Architekten Theodor Lehnert ein luxuriöses Bad gegründet. Er nannte es nach seiner Tochter Frida »Fridabad«. An der weiteren Entwicklung des Weißen Hirsch als Villenvorort Dresdens hatte der Seifenfabrikant Ludwig Küntzelmann erheblichen Anteil. Er kaufte 1872 das alte Gut »Weißer Hirsch« und teilte das Land in Parzellen auf, um eine Villenkolonie zu errichten. Eine Bauordnung verbot jegliche gewerbliche Anlagen und schrieb für die zu errichtenden Villen Geschosszahl und Mindestabstände vor. Es wurden Wege angelegt, Bäume gepflanzt, Bänke aufgestellt und ein Kinderspielplatz gebaut. Der so entstandene Waldpark machte den Kurbetrieb attraktiver. Dies wusste der Arzt Heinrich Lahmann zu nutzen, als er 1887 das Fridabad pachtete und den Sanatoriumsbetrieb groß und erfolgreich machte. Der Weiße Hirsch entwickelte sich zunehmend zu einer gehobenen Wohngegend für Künstler, Fabrikanten, Wissenschaftler und hohe Beamte. Maßgeblich geprägt wurde der Weiße Hirsch durch den Architekten Max Herfurth, der zahlreiche Villen geplant und errichtet hat. Ein Spaziergang durch

Chinesischer Pavillon im Rathausgarten

das Villenviertel kann an der Bergstation der Standseilbahn beginnen. Über die Bergbahnstraße erreicht man die Plattleite, das Zentrum des Stadtteils. An der Plattleite und der angrenzenden Zeppelinstraße steht auch das Institut des wohl bekanntesten Einwohners der jüngeren Zeit auf dem Weißen Hirsch, des Wissenschaftlers Manfred Baron von Ardenne. Er siedelte sich hier 1955 an und gründete das einzige private Forschungsinstitut in der damaligen DDR.

Sehenswert sind auch der Chinesische Pavillon im Rathausgarten und die Villa Heinrichshof von 1896, das ehemalige Wohnhaus von Heinrich Lahmann, direkt gegenüber dem historischen Parkhotel. Einen Einblick in das Leben auf dem Weißen Hirsch zu DDR-Zeiten gibt das Buch »Der Turm« von Uwe Tellkamp, das auch verfilmt wurde (dresdner-stadtteile.de).

Ehemaliges Wohnhaus von Heinrich Lahmann auf dem Weißen Hirsch

Schloss Albrechtsberg wurde für Albrecht Prinz von Preußen errichtet.

EIN BESUCH DER ELBSCHLÖSSER

Die drei **Elbschlösser**, zwischen der Bautzener Straße und der Elbe gelegen, erreicht man vom Weißen Hirsch aus über die genannte Landstraße oder vom Loschwitzer Körnerplatz mit einem Spaziergang an der Elbe entlang und einem kleinen Aufstieg. Das von der Elbe aus gesehen linke Anwesen ist das **Schloss Albrechtsberg**. Das im spätklassizistischen Stil von Adolf Lohse errichtete Schloss ist das repräsentativste des Elbschlösserensembles. Es wurde 1850 bis 1854 für Albrecht Prinz von Preußen errichtet, nachdem er wegen einer nicht standesgemäßen Ehe am preußischen Hof nicht mehr erwünscht war. Die prachtvollen Räume im Inneren des Schlosses sind zum großen Teil originalgetreu restauriert. Das Schloss gehört heute der Stadt Dresden und wird unter anderem für Konzerte, Veranstaltungen, Empfänge und Tagungen, aber auch für Eheschließungen und Familienfeiern genutzt. Im Rahmen einer Führung kann man zu ausgewählten Terminen das Schloss besichtigen. Der Schlosspark mit seinem aufwendigen Terrassensystem am Elbhang kann täglich besucht werden. Hier befindet sich auch ein Weinausschank des Winzers Lutz Müller. »Weine mit Weitblick« nennt er die Straußwirtschaft mit großartiger Aussicht über seinen Weinberg und die Elbe. Die leckeren Flammkuchen sollte man probieren.

Villa Stockhausen gehörte dem Kammerherrn von Prinz Albrecht.

Über den Park von Schloss Albrechtsberg erreicht man die **Villa Stockhausen** (Lingnerschloss). Albrecht Prinz von Preußen ließ die Villa fast zeitgleich mit dem Bau des Schlosses für seinen Kammerherrn Baron Albert von Stockhausen errichten. Die heute gebräuchliche Bezeichnung Lingnerschloss geht auf den Dresdner Unternehmer Karl August Lingner, den Erfinder des Odol-Mundwassers, zurück, der das Anwesen 1906 kaufte. Nach seinem Tod im Jahre 1916 ging das Schloss in den Besitz der Stadt Dresden über. Karl August Lingner hatte dies so in seinem Testament unter strengen Auflagen verfügt. So sollte das Anwesen den Dresdnern und ihren Gästen frei zugänglich sein und eine vergleichsweise günstige gastronomische Versorgung anbieten. Nachdem die Villa zu DDR-Zeiten als Klub der Intelligenz genutzt wurde, verfiel sie nach 1990 zusehends. Seit 2002 gibt es einen Förderverein, der sich um die Sanierung und die Nutzung des gesamten Anwesens kümmert. Restaurant und Biergarten sind geöffnet, es gibt Ausstellungen, Veranstaltungen und jeden Mittwoch Führungen durch das Haus. Vom Biergarten aus hat man einen wunderschönen Blick über die Elbe zum Blauen Wunder und bis in die Innenstadt von Dresden. Schon dafür lohnt sich ein Besuch des Lingnerschlosses.

Das dritte Schloss in diesem Ensemble ist das **Schloss Eckberg**. Es wurde 1859 bis 1861 im Auftrag des Großkaufmanns Johann Daniel Souchay im neugotischen Stil errichtet. Souchay, der sein Vermögen im Textilhandel in Manchester gemacht hatte, verlegte 1859 seinen Lebensmittelpunkt ins Dresdner Elbtal und erwarb sich große Verdienste um die Entwicklung von

4

Loschwitz. Der Name des Schlosses geht auf den Loschwitzer Weinberg namens Eckberg zurück, auf dessen Grund das Schloss errichtet wurde. Im Laufe der Jahre wurde das Anwesen durch die wechselnden Besitzer und Nutzungen immer wieder umgestaltet, bis es 1994 von der Argenta-Unternehmensgruppe gekauft, grundlegend renoviert und zum Luxushotel umgebaut wurde. Somit ist es heute der Öffentlichkeit außerhalb des Hotelbetriebes nicht zugänglich. Das auch preislich gehobene Restaurant ist natürlich für jedermann geöffnet, und so kann man auf dem Weg durch den Park und im Restaurant einen Eindruck von der Anlage bekommen.

EIN LUSTSCHLOSS AUGUST DES STARKEN

Einige Kilometer elbaufwärts von Loschwitz entfernt liegt das eigentliche Highlight dieser Tour, das **Schloss Pillnitz** mit seinem thematischen Schlosspark. Startet man die Besichtigungstour am Campingplatz Wostra, dann erreicht man das Schloss mit der Pillnitzer Fähre nach gut zwei Kilometer Fußweg.

Gesamtansicht von Schloss Pillnitz

4

Eine erste Erwähnung als Rittergut stammt aus dem Jahre 1335. Nach verschiedenen Eigentümerwechseln kam August der Starke 1706 in den Besitz des Anwesens und schenkte es seiner Mätresse Gräfin Cosel, die von 1713 bis 1715 hier wohnte. Sie ließ die noch heute vorhandenen Heckenquartiere, sogenannte Charmillen, anlegen und erweiterte die Gärten nach französischem Vorbild. Nachdem Gräfin Cosel in Ungnade gefallen war – sie wurde ab 1716 bis zu ihrem Tode auf der Burg Stolpen gefangen gehalten –, nahm August der Starke das Schloss durch Enteignung wieder zurück in seinen Besitz und baute es zu einem repräsentativen Lustschloss um. Mit der Bauplanung wurde Matthäus Daniel Pöppelmann, der Erbauer des Dresdner Zwingers, beauftragt. Besonders eindrucksvoll ist das Wasserpalais mit der Treppe zur Anlegestelle an der Elbe. Inspiriert von Venedig traf damals die höfische Gesellschaft mit Gondeln aus Dresden ein. Eine dieser Gondeln ist im Park zu besichtigen. Die Dächer und Gesimse des Wasserpalais sind der damaligen Mode entsprechend mit ostasiatischen und orientalischen Elementen verziert. Später wurde als Spiegelbild zum Wasserpalais noch das Bergpalais errichtet. Zwischen beiden Gebäuden

Orangerie im Schlosspark

Elbgondel für die Fahrt des Hofes von Dresden nach Pillnitz

erstreckt sich der barocke Lustgarten, einer der schönsten Bereiche in Pillnitz. Das neue Palais mit Kuppelsaal, Hofküche und katholischer Kapelle wurde ab 1819 als Verbindungsbau zwischen den beiden Palais errichtet. Hier befindet sich heute das Schlossmuseum Pillnitz. Im großzügig angelegten Schlosspark gibt es einen englischen und einen chinesischen Garten, das Palmenhaus, die Orangerie und mit der über 240 Jahre alten und knapp neun Meter hohen **Pillnitzer Kamelie** eine botanische Weltsensation. Es ist die älteste japanische Kamelie in Europa. Zwischen Februar und April treibt sie bis zu 35 000 Blüten.

Zum Abschluss des Besuches kann man auf dem Rückweg noch durch einige Kunstgewerbeläden schlendern oder im alten Bootshaus kunsthandwerkliche Keramik von sächsischen Töpfereien kaufen.

Tipp

Direkt neben dem Campingplatz Wostra bietet die Firma Kanu Dresden unter anderem zwei tolle Kanutouren an. Tour A führt von Schmilka oder Rathen bis zur Kanubasis Wostra, bei Tour B fährt man an der Dresdner Altstadt vorbei bis Meißen. Die Touren können kürzer gebucht werden. Wahlweise wird für die Hinfahrt in die Sächsische Schweiz oder die Rückfahrt ab Radebeul ein Fahrrad gestellt, oder das eigene Fahrrad wird kostenfrei transportiert (An der Wostra 7, 01259 Dresden, Tel. 0351/160 52 23, kanudresden.de).

AUF EINEN BLICK

Info

STADT/REGION: Dresden, östliche Stadtteile mit Pillnitz/Elbtal
BESTE REISEZEIT: Ganzjährig
OPTIMALE REISEDAUER: 2–3 Tage
TOURISTINFO: Dresden Information an der Frauenkirche, QF Passage, Neumarkt 2, Tel. 0351/50 15 01, dresden.de; Besucherzentrum Alte Wache – Schloss und Park Pillnitz, August-Böckstiegel-Straße 1E, Tel. 0351/261 32 60, schlosspillnitz.de

SEHENSWÜRDIGKEITEN

SCHILLERHÄUSCHEN: Schillerstr. 19, Tel. 0351/488 85 01, schillerhaeuschen-dresden.de
SCHWEBEBAHN/STANDSEILBAHN: dvb.de
STADTTEIL WEISSER HIRSCH: dresdner-stadtteile.de
SCHLOSS ALBRECHTSBERG: Bautzner Str. 130, Tel. 0351/811 58 21, schloss-albrechtsberg.de
LINGNERSCHLOSS: Bautzner Str. 132, Tel. 0351/646 53 82, lingnerschloss.de
SCHLOSS ECKBERG (HOTEL): Bautzner Str. 134, Tel. 0351/809 90, schloss-eckberg.de
SCHLOSS UND PARK PILLNITZ: August-Böckstiegel-Straße 1E, Tel. 0351/261 32 60, schlosspillnitz.de

CAMPINGPLATZ WOSTRA

ADRESSE: An der Wostra 7, 01259 Dresden, Tel. 0351/20 27 86 78 dresden.de
GPS: 50°59'55.4"N 13°52'05.8"E 50.998713, 13.868272
Kommunaler Campingplatz im Südosten von Dresden, in Elbnähe, Strandbad, Freibad und Kanuverleih direkt neben dem Platz, gute Nahverkehrsanbindung, nach Pillnitz über die nahe Personenfähre 2 km, geöffnet April bis Oktober

CAMPING PIRNA

ADRESSE: Äußere Pillnitzer Straße 19, 01796 Pirna, Tel. 03501/52 37 73, camping-pirna.de

◀ Direkt neben dem Campingplatz Wostra … ▲ … bietet das Freibad Abkühlung ▼ Kanu Dresden hat tolle Touren direkt ab Campingplatz im Angebot.

GPS: 50°58'54.5"N 13°55'30.1"E 50.981795, 13.925038
Alternativer Campingplatz für diese Tour, siehe auch Tour 5, Entfernung nach Pillnitz 7 km

STELLPLATZ AN DER ELBE PIRNA

ADRESSE: Am Elbufer 14, 01796 Pirna, Tel. 0172/374 09 32, wasserplatz-pirna.de
GPS: 50°57'48.2"N 13°55'23.5"E 50.963392, 13.923204
Alternativer Stellplatz für diese Tour, siehe auch Tour 5, Entfernung nach Pillnitz über Elberadweg 9 km

CARAVANINGPARK DRESDEN BEI SCHAFFER-MOBIL

ADRESSE: Kötzschenbroder Str. 125, 01139 Dresden, Tel. 0351/83 74 80, schaffer-mobil.de
GPS: 51°05'06.0"N 13°40'53.0"E 51.085000, 13.681389
Alternativer Stellplatz für diese Tour, siehe auch Tour 1, auf Elberadweg bis Loschwitz 13 km, bis Pillnitz 20 km, gute Anbindung an das ÖPNV-Netz

PARKPLATZ PILLNITZ (ÖSTLICH VOM PARK)

ADRESSE: Otto-Schindler-Straße, 01326 Dresden, 0351/261 32 68
GPS: 51°00'25.1"N 13°52'36.3"E 51.006981, 13.876747
Parken für kleinere Wohnmobile innerhalb der aufgezeichneten Parkbereiche, größere Mobile können auf die Busplätze ausweichen, keine Übernachtung

DAS TOR ZUR SÄCHSISCHEN SCHWEIZ

Pirna, eine Stadt wie gemalt

Der Marktplatz von Pirna – heute noch genauso wie von Canaletto 1750 gemalt

5

Pirna hat eine malerische mittelalterliche Altstadt und einen Marktplatz in sehenswerter Renaissancearchitektur. Ebenso sehenswert sind die unweit der Stadt gelegenen Ausflugsziele Stolpen mit der gleichnamigen Burg, der Barockgarten Großsedlitz und das majestätische Schloss Weesenstein.

Pirna wird oft als das Tor zur Sächsischen Schweiz bezeichnet, doch irgendwie wird diese herrliche Stadt dieser Bezeichnung nur teilweise gerecht. Pirna ist viel mehr als nur ein Tor, also eine Durchgangsstation. Die Altstadt, von dem berühmten Maler Canaletto fast genauso oft gemalt wie Dresden, hat sich im Gegensatz zu Dresden kaum verändert. Mittelalterliche Bürgerhäuser säumen den Markt und die umliegenden Straßen. Sie bestimmen mit der alles überragenden Stadtkirche Sankt Marien das Stadtbild und das Flair der Altstadt.

EIN STADTSPAZIERGANG

Von den Stellplätzen in der Stadt und auch vom Pirnaer Campingplatz aus ist die Altstadt gut zu Fuß erreichbar. Ein Stadtspaziergang beginnt meist am **Markt**. Er ist der zentrale und schönste Platz in der Stadt und er entspricht immer noch dem von Canaletto 1750 geschaffenen Bild »Der Marktplatz zu Pirna«. Skeptiker können sich in der Dresdner Gemäldegalerie Alte Meister davon überzeugen. Pragmatiker kommen Ende April nach Pirna und erleben dort das lebendige Canalettobild. Es wird von zahlreichen Darstellern in zeitgenössischen Kostümen, mit Pferden und vielen originalen Details nachgestellt. Die Besucher haben den Eindruck, sich im Jahre 1750 zu befinden, erst recht, wenn sie im Anschluss selbst Teil des Bildes werden und zwischen den Schauspielern und Komparsen über den Markt schlendern. Der Markt und die Altstadt sind jedoch auch zu jeder anderen Zeit ein eindrucksvolles Erlebnis. Im **Canalettohaus** von 1520 befindet sich die Touristinfo. Hier kann man auch alle elf Stadtansichten Canalettos als Reproduktion besichtigen und kaufen. Das eindrucksvolle Gebäude mit seinem spitzen Schmuckgiebel gilt als das älteste erhaltene Renaissancehaus Sachsens. Gegenüber steht mitten auf dem Markt das erstmals 1386 erwähnte **Rathaus**. Es ist, wie so oft, ein Mix aus verschiedenen Baustilen. Portale und Fenster sind gotisch, die Giebel stammen

5

aus der Renaissance und der Turm hat seinen Ursprung im Barock. Beim weiteren Bummel über den Markt und durch die wunderschöne Altstadt werden sich nicht nur Architekturliebhaber vom Flair der hochgiebeligen Bürgerhäuser und der altehrwürdigen Gebäude beeindrucken lassen. Jedes Haus hat seine eigene Geschichte und in vielen sind heute Restaurants, Cafés, urige Kneipen oder kleine Geschäfte angesiedelt. Ein ganz außergewöhnliches Haus steht am Markt 3, das **Peter-Ulrich-Haus**. Es ist das ehemalige Wohnhaus des Baumeisters der Marienkirche und das älteste Baumeisterhaus Deutschlands. Schon äußerlich ist das über 500 Jahre alte Haus etwas Besonderes, der Hauseingang ist wie ein Kirchenportal gestaltet und jede Fenstersäule hat ihre eigene Form. Heute befindet sich hier das Theater des sächsischen Kabarettisten Tom Pauls, der das Haus mit seiner Ilse-Bähnert-Stiftung vor dem Verfall gerettet hat. In östlicher Richtung schließt sich an den Markt der Kirchplatz an. Hier steht die **Stadtkirche St. Marien**, die mit ihrem spitzwinkligen hohen Dach und dem Turm die Silhouette der Stadt prägt. Sie ist eine der bedeutendsten spätgotischen Hallenkirchen in Sachsen und Nordböhmen. Am Kirchplatz und in den umliegenden Straßen befinden sich weitere, teilweise reich verzierte Renaissancehäuser. In der Niederen Burgstraße 1 wohnte ehemals der Erbauer des Pirnaer Rathauses, Wolf Blechschmidt. Heute ist hier das

Vom Biergarten der Schlossschänke blickt man über die Stadt.

Ältester Elbdampfer »Stadt Wehlen« an der Anlegestelle Pirna

Romantikhotel eingezogen. Vom Kirchenviertel führt der Canalettoweg hinauf zum Burgberg mit der über der Stadt thronenden Festungsanlage **Schloss Sonnenstein**. Die im Jahre 1269 erstmals erwähnte Festung sicherte in ihrer exponierten Lage über der Altstadt die Wege von Stolpen nach Prag und von Meißen zum Königstein. Nach dem Siebenjährigen Krieg verlor die Festung ihren militärischen Status und wurde ab 1811 als Anstalt für heilbare Geisteskranke genutzt. Das dunkelste Kapitel seiner Geschichte war die Tötung von 13 720 meist behinderten Menschen durch die Nationalsozialisten im Rahmen der NS-Euthanasie-Aktion T4. Eine Gedenkstätte im Schloss erinnert an dieses schreckliche Verbrechen. Seit 2011 ist das Schloss nach umfangreichen Rekonstruktionsmaßnahmen der Verwaltungssitz des Landkreises Sächsische Schweiz-Osterzgebirge. Die unterhalb des Schlosses liegenden Terrassengärten mit Resten der mittelalterlichen Stadtbefestigung sind öffentlich zugänglich. Zu ausgewählten Terminen kann man auch im Rahmen von Führungen die Bastionen und das Schloss besichtigen. Den vielleicht schönsten Blick über Pirna hat man vom Biergarten der Schlossschänke. Im Schlosspark befindet sich ein kleiner Wohnmobilstellplatz.

STADT UND BURG STOLPEN

Unweit von Pirna, und auch per Rad recht gut über die Mittellandradroute D4 erreichbar, ist **Stolpen** mit der gleichnamigen Burg ein lohnenswertes Ausflugsziel. Die Stadt schmiegt sich an den Nordhang des Burgberges und fasziniert ihre Gäste durch ihr historisches Flair. Liebevoll sanierte Gebäude prägen die Stadt und vor allem den Markt, wo die mittelalterliche Struktur am besten zu erleben ist. Hier steht das Rathaus mit seinem

Mittelalterlicher Marktplatz von Stolpen

kleinen Dachreiterturm, die Löwenapotheke sowie das alte und das neue kurfürstliche Amtshaus. In Letzterem befinden sich das Stadtmuseum und die Touristinfo. Reste der Stadtmauer mit dem Niedertor aus dem 15. Jahrhundert sind ebenso gut erhalten wie die Postsäule von 1728 in der Mitte des Marktes. Ein gut ausgeschilderter historisch-naturkundlicher Rundgang erschließt weitere historische Sehenswürdigkeiten Stolpens. Die größte Attraktion ist jedoch die **Burg Stolpen**, die eng mit dem Schicksal der Gräfin Cosel verbunden ist. Erstmals urkundlich erwähnt wurde die Burg um 1121. Über die Jahre wurde aus der auf einer Basaltkuppe errichteten Schrotholzburg eine Festung. Sie schützte die Salzstraße von Halle nach Nordböhmen und den Handelsweg von Pirna nach Bautzen. Über 300 Jahre war die Festung im Besitz der Bischöfe von Meißen, die hier sogar von 1537 bis 1558 ständig residierten. Die strategisch bedeutsame Lage der Burg war der Grund, dass der wettinische Kurfürst August von Sachsen den Bischof 1559 zwang, die Burg einzutauschen und zu übergeben. Fortan diente sie auch als sächsisches Staatsgefängnis. Die bekannteste Gefangene war Anna Constantia Reichsgräfin von Cosel, die kluge, aber auch intrigante Mätresse August des Starken. 1713 wurde sie vom Hof verstoßen, lebte zunächst in Pillnitz und wurde ab 1716 dann auf der Burg Stolpen gefangengehalten. Hier starb sie 1765, nach 49-jähriger Gefangenschaft, im Johannisturm, auch Coselturm genannt. Über die Gräfin Cosel kann man auf der Burg viel erfahren, so auch, dass sie mit dem Vermögen, welches ihr gelassen wurde, ein vergleichsweise angenehmes Leben auf der Burg Stolpen führen konnte. Im Coselturm erinnert eine Ausstellung an ihr schicksalhaftes Leben.

5

AUSFLUGSZIELE SÜDLICH VON PIRNA

Bei einem weiteren Ausflug ab Pirna kann man gleich drei Ausflugsziele besuchen, die unweit voneinander südlich der Elbe zwischen Heidenau und Pirna liegen. Los geht es mit dem **Kamelienschloss Zuschendorf**, nur fünf Kilometer südlich von Pirna gelegen. Das barocke Landschloss wirkt auf den ersten Blick sehr nett, aber für den durch sächsische Prunkbauten verwöhnten Besucher nicht unbedingt spektakulär. Bei der näheren Betrachtung des Schlosses erkennt man aber schnell, was hier in den letzten Jahren geleistet wurde, wie mit persönlichem Engagement aus einer einsturzgefährdeten Ruine ein Schmuckstück geschaffen wurde. Ein Dresdner Gärtnereibetrieb verhinderte 1988 den Abriss des maroden Anwesens und seit 1991 engagiert sich der Förderverein Landschloss Pirna-Zuschendorf e.V. für die Sanierung des Bauwerkes. Heute beherbergt das Landschloss eine wertvolle und sehenswerte botanische Sammlung von Kamelien, Azaleen, Hortensien, Rhododendren und Bonsais, die im Park, in den Gewächshäusern und in den Räumen des Schlosses eindrucksvoll in Szene gesetzt werden.

Das nächste Ziel ist der **Barockgarten Großsedlitz**, nur etwa fünf Kilometer von Pirna und ebenso weit vom Kamelienschloss entfernt. Wer mit öffentlichen Verkehrsmitteln anreist, hat vom S-Bahnhof Heidenau noch

Obere Orangerie im Barockgarten Großsedlitz

5

1,5 Kilometer Fußweg. Auf einem Hochufer über dem Elbtal liegt dieser Landschaftspark, der zu den bedeutendsten Gartenanlagen Deutschlands zählt und als überragendes Beispiel für französische Gartenbaukunst in Sachsen gilt. Teile des Parks, das Schloss und die obere Orangerie wurden ab 1719 im Auftrag des Reichsgrafen Wackerbarth als sein Altersruhesitz errichtet. 1723 erwarb August der Starke das Anwesen und ließ den Park vollständig umgestalten. Nicht weniger als ein sächsisches Versailles hatte er dabei im Sinn. Doch der geplante Bau eines kastellartigen Schlosses wurde nie begonnen und ab 1732 wurden auch die Arbeiten am Park eingestellt. August der Starke hatte das Interesse an Großsedlitz verloren, der akute Geldmangel am sächsischen Hof war ein weiterer Grund dafür. Obwohl nicht fertiggestellt, präsentiert sich der Park auf zwölf Hektar sehr reizvoll durch seine strenge Symmetrie aus Freitreppen, Terrassen und den Wasserbassins mit zahlreichen Wasserspielen. 64 zum Teil original erhaltene thematische Sandsteinskulpturen versprühen den bezaubernden Charme von »Sachsens Versailles«.

Eingangsportal von Schloss Weesenstein

Der Park von Schloss Weesenstein lädt zu einem Spaziergang ein.

Das **Schloss Weesenstein** als weiteres Ausflugsziel liegt auf einem schroffen Felsen über dem Müglitztal. Schon 1318 erstmals erwähnt, war das Schloss im Laufe der Jahre Festung, Ritterburg, Renaissance- und Barockschloss sowie Königssitz. Entsprechend der fortlaufenden Umbauten in dieser langen Zeit ist jeder Baustil von der Romanik bis zum Klassizismus, meist etagenweise, vorzufinden. Das achtstöckige Schloss wurde von oben nach unten gebaut, so befinden sich die alten Kellerräume im fünften, die später errichteten Pferdeställe im vierten Geschoss. Der Turm gehört zum ältesten Teil des Schlosses. Er prägt schon von Weitem die Silhouette des Schlosses, übrigens eines der schönsten in Sachsen. Im Gebäude gibt es Sonder- und Dauerausstellungen, thematische Sonntagsführungen, Konzerte und Veranstaltungen. Das Schlossmuseum lädt zu einer Zeitreise ein und zeigt unter anderem die fürstlichen Wohnräume des 18. und 19. Jahrhunderts. Besonders sehenswert ist im Untergeschoss der Ledertapetensaal mit der Mechelner Goldledertapete von 1710. Zum Schlendern und Flanieren lädt der Schlosspark ein, dessen Gestaltung auf die barocke Parkanlage aus dem 18. Jahrhundert zurückgeht.

AUF EINEN BLICK

STADT/REGION: Pirna und Umgebung/Sächsische Schweiz-Osterzgebirge
BESTE REISEZEIT: April bis Oktober
OPTIMALE REISEDAUER: 2–3 Tage
TOURISTINFO: TouristService Pirna, Canaletto-Haus, Am Markt 7, Tel. 03501/55 64 46, pirna.de; Touristinfo Stolpen, Markt 26, Tel. 035973/273 13, stolpen.de

SEHENSWÜRDIGKEITEN

TOM-PAULS-THEATER/PETER ULRICH HAUS: Am Markt 3, 01796 Pirna, Tel. 03501/585 02 67, tom-pauls-theater-pirna.de
STADTKIRCHE ST. MARIEN: Kirchplatz 14, 01796 Pirna, Tel. 03501/46 18 40, kirche-pirna.de
GEDENKSTÄTTE PIRNA-SONNENSTEIN: Schlosspark 11, 01796 Pirna, Tel. 03501/71 09 60, stsg.de
BURG STOLPEN: Schlossstraße 10, 01833 Stolpen, Tel. 035973/234 10, burg-stolpen.org
LANDSCHLOSS PIRNA-ZUSCHENDORF: Am Landschloss 6, 01796 Pirna, Tel. 03501/792 96 06, landschloss-zuschendorf.de
BAROCKGARTEN GROSSSEDLITZ: Parkstraße 85, 01809 Heidenau, Tel. 03529/563 90, barockgarten-grosssedlitz.de
SCHLOSS WEESENSTEIN: Am Schlossberg 1, 01809 Müglitztal/ OT Weesenstein, Tel. 035027/62 60, schloss-weesenstein.de

CAMPING PIRNA-COPITZ

ADRESSE: Äußere Pillnitzer Straße 19, 01796 Pirna, Tel. 03501/52 37 73, camping-pirna.de
GPS: 50°58'54.5"N 13°55'30.1"E 50.981795, 13.925038
Großzügig angelegter Platz an einem kleinen See, moderne Sanitäranlagen, ruhige Lage, Entfernung zur Altstadt 3 km, geöffnet April bis Oktober

STELLPLATZ AM SCHLOSSPARK

ADRESSE: Schlosspark 13a, 01796 Pirna, Tel. 0151/172 11 58 23

◀ Camping in Pirna-Copitz … ▶ … oder auf dem Stellplatz an der Elbe

GPS: 50°57'36.7"N 13°57'04.2"E 50.960200, 13.951164
Neben dem Rehazentrum, oberhalb der Stadt, im Park des Schlosses Sonnenstein gelegen, ruhiger Platz, Ver- und Entsorgungsmöglichkeit außer Grauwasser, Dusche und WC vorhanden, Entfernung zur Altstadt 900 m bergab, ganzjährig geöffnet

STELLPLATZ AN DER ELBE PIRNA

ADRESSE: Am Elbufer 14, 01796 Pirna, Tel. 0172/374 09 32, wasserplatz-pirna.de
GPS: 50°57'48.2"N 13°55'23.5"E 50.963392, 13.923204
Etwas rustikal wirkender Stellplatz, direkt an der Elbe und am Radweg, S-Bahn nach Dresden und in die Sächsische Schweiz fußläufig erreichbar, Ver- und Entsorgung, neue komfortable Sanitäranlagen, Gemeinschaftsküche vorhanden, Anfahrt mit Höhenbeschränkung 3,3 m, Fußweg zur Altstadt 1,5 km, ganzjährig geöffnet

WOHNMOBILSTELLPLATZ BURGHOTEL STOLPEN

ADRESSE: Poetenweg 2, 01833 Stolpen, Tel. 035973/299 00, burghotel-stolpen.de
GPS: 51°03'01" N 14°05'15" E 51.050278, 14.087500
Kleiner Stellplatz am Hotel, direkt neben der Burg, Ver- und Entsorgung sowie kleines Sanitärhaus mit Dusche und WC vorhanden, Anmeldung im Hotel, Verfügbarkeit vorab erfragen

TAGESPARKPLATZ SCHÜTZENHAUSSTRASSE

GPS: 51°03'02.8"N 14°04'47.4"E 51.050770, 14.079824

TAGESPARKPLATZ BURG STOLPEN (GEGENÜBER NETTO)

GPS: 51°03'00.8"N 14°05'15.9"E 51.050222, 14.087737

HÖHEPUNKT DER SÄCHSISCHEN SCHWEIZ

Die weltberühmte Bastei

Die legendäre Bastei mit der Basteibrücke über dem Morgennebel

6

Die Bastei fällt den meisten als Erstes ein, wenn sie an die Sächsische Schweiz denken. Es ist auch wirklich eine wunderschöne Gegend, die man unbedingt besucht haben muss, auch wenn das viele Menschen gleichzeitig tun. Man kann die Bastei bequem von oben oder etwas sportlicher ab Rathen über den Basteiaufstieg oder die Schwedenlöcher erreichen.

Die Bastei und der Kurort Rathen gehören irgendwie zusammen, und das nicht nur wegen der räumlichen Nähe. Es sind die Hotspots der Sächsischen Schweiz schlechthin. Die berühmteste Felsformation im Elbsandsteingebirge ist das beliebteste und meistbesuchte Ausflugsziel der Region. Über 1,5 Millionen Besucher jährlich müssen die eindrucksvollen Sandsteinfelsen verkraften. Auch im Luftkurort Rathen lebt man seit dem Ende des 18. Jahrhunderts vom Tourismus. Der Ort hat sich, nicht zuletzt wegen seiner exponierten Lage an der Elbe und der guten touristischen Infrastruktur, zu einem der beliebtesten Ausflugs- und Ferienorte in der Sächsischen Schweiz entwickelt.

AUSGANGSPUNKT FÜR VERSCHIEDENE AKTIVITÄTEN

Die Anreise nach Rathen erfolgt in den meisten Fällen über den linkselbigen Ortsteil **Oberrathen**. Hier befinden sich die Haltestellen von Bus und S-Bahn, der Radweg von Königstein verläuft auf dieser Elbseite und es stehen Parkplätze und ein Wohnmobilstellplatz in fußläufiger Entfernung zur Verfügung. Die meisten Besucher gehen auf dem kürzesten Weg zum Fährableger nach Niederrathen, man kann sich aber auch etwas Zeit nehmen für die Klangterrasse, direkt zwischen Parkplatz und Elbe gelegen. Hier werden alle 30 Minuten Musikstücke einheimischer Künstler im 8-Kanal-Ton abgespielt. Nur wenige Schritte weiter kommen Eisenbahnfans auf ihre Kosten. Auf 7500 Quadratmetern steht hier die weltgrößte Garteneisenbahn mit 4,6 Kilometer Gleislänge in der Spurgröße G. In der liebevoll aufgebauten Anlage findet man auch die Landschaft um Dresden und die Sächsische Schweiz wieder.

Mit der historischen Gierseilfähre geht es ganz umweltbewusst ohne Motor, nur mit der Kraft der Strömung, auf die andere Elbseite nach **Niederrathen**. Der autofreie Ort empfängt seine Gäste mit dem Flair eines Gebirgskurortes. Alles ist hier auf Tourismus ausgerichtet. An der Promenade entlang der Elbe und am Grünbach laden Hotels, Restaurants, Cafés, Biergärten und Kioske zur Einkehr ein. An der Elbe genießen die Urlauber die Sonne. Bänke mit Elbblick stehen für eine kleine Ruhepause vor oder nach der Wanderung bereit. Gleich nach der Fähre informiert auf der linken Seite eine Übersichtskarte über die Terrainkurwege. In verschiedenen Schwierigkeitsgraden kann man aus 15 Strecken auswählen, vom einfachen, zwei Kilometer langen Spaziergang bis zu anspruchsvollen Wanderungen von bis zu 12,5 Kilometer Länge. Der Klassiker ab Rathen ist natürlich die Besteigung der Bastei. Ich empfehle, bei dieser Wanderung auf dem Rückweg die Schwedenlöcher mit einzubeziehen.

AUFSTIEG: AUSGANGSPUNKT IST die Elbfähre in Niederrathen. Über die autofreie Straße »Am Grünbach« geht es bis zum Gasthof »Sonniges Eck«, dort links zum Amselgrund und nach wenigen Metern erreicht man über einige Treppen den mit »Bastei – 30 Minuten« ausgeschilderten Basteiweg. Über zahlreiche Stufen führt der Weg steil hinauf in den Wald zum Aussichtspunkt Tiedgestein (Rosenbettfels) und wenig später zur Kanapee-Aussicht. Von hier hat man schon einen ersten Blick zur Bastei und zum Mönchstein, der unverwechselbar mit einer als Wetterfahne fungierenden Mönchsfigur bekrönt ist. Wenig oberhalb der Kanapee-Aussicht erreicht der Wanderweg die Felsenburg Neurathen.

Die **Felsenburg Neurathen**, erstmals 1289 urkundlich erwähnt, ist die größte mittelalterliche Felsenburg in der Sächsischen Schweiz. Sie befand sich bis 1426 im Besitz mehrerer böhmischer Adelsgeschlechter. Danach war sie eine Raubritterburg, wurde 1469 erobert und in Brand gesetzt. Da die Burg überwiegend aus Holz bestand, blieben nur die wenigen aus dem Fels ausgehauenen Räume, einzelne Fundamente und die Zisterne erhalten. Die Anlage der Burg kann über einen Rundweg aus Treppen und Brücken besichtigt werden. Ein Besuch der eindrucksvollen Burg ist schon wegen der atemberaubenden Aussicht auf die Bastei zu empfehlen.

Ausblick von Oberrathen zur Bastei

Das gotisch anmutende Felsentor markiert den Zugang zur **Basteibrücke**. Das architektonische Meisterwerk wurde 1851 errichtet und ist ein Wahrzeichen der Sächsischen Schweiz. Mit 76 Metern Länge überbrückt sie die als Mardertelle bezeichnete Schlucht und verbindet so die Felsenburg mit der Bastei. Schon im Mittelalter soll hier eine Zugbrücke den Zugang zur Festung gewährleistet und gesichert haben. Von der Basteibrücke hat man schöne Ausblicke und am Ende der Brücke ist nach rechts der Aussichtspunkt Ferdinandstein ausgeschildert. Auf Leitern erreicht man das kleine, durch Geländer gesicherte Felsplateau mit Blick auf die Basteibrücke. Die gegenüberliegende großartige Basteiaussicht wurde 2016 erst teilweise und später komplett für den Besucherverkehr gesperrt. Der Sandstein hat die Plattform nicht mehr sicher getragen. Nun gibt es Planungen für eine komplett neue und im vorderen Teil schwebende Besucherplattform. Ab 2023 wird dann der sensationelle Ausblick über das Elbtal und die Felsenwelt der Sächsischen Schweiz von der 197 Meter hohen und fast senkrecht zur Elbe abfallenden Felsformation wieder möglich sein.

Das schön gelegene Berghotel Bastei mit Panoramarestaurant, Biergarten und Imbiss lädt zu einer Pause ein, bevor es wieder zurück nach Rathen geht.

Im Kurort Rathen ist man voll auf Tourismus eingestellt.

ABSTIEG: DER BLAU-WEISS gekennzeichnete Wanderweg führt direkt zu den Schwedenlöchern, einer wildromantischen Schlucht, die sich klammartig bis zum Amselgrund hinzieht. Schon kurz hinter dem Berghotel führt nach rechts ein kleiner Abstecher zur Wehlsteinaussicht. Fast noch schöner blickt man von der Pavillonaussicht auf die Bastei, den Lilienstein und die im Tal liegende Felsenbühne Rathen. Der Abzweig vom Gansweg zum Aussichtspunkt liegt direkt gegenüber dem Einstieg in die Schwedenlöcher. In der Schlucht kann man dann die Wildheit der Region auf engstem Raum erleben. Steilstufen, senkrecht aufragende Felswände, klammartige Schluchten, herabgestürzte und verklemmte Felsblöcke und eine dem feuchten Schluchtenklima angepasste Vegetation machen die Wanderung durch die Schwedenlöcher zu einem ganz besonderen Erlebnis. Über den gut ausgebauten Weg mit über 700 Stufen geht es 180 Höhenmeter in die Tiefe.

Die Bezeichnung **Schwedenlöcher** stammt übrigens aus dem Dreißigjährigen Krieg, als schwedische Truppen plündernd durch die Sächsische Schweiz zogen. Für die Bewohner der umliegenden Dörfer war die damals ziemlich unwegsame Schlucht ein gutes Versteck.

6

Im Amselgrund angekommen, überquert man den Amselgrundbach, und dann geht es auf bequemem Weg durch den Amselgrund zum **Amselsee** mit Gondelstation. Der künstlich aufgestaute See ist von mehreren Kletterfelsen umgeben. Von der Staumauer sieht man das Storchennest, den Bienenkorb, die Lokomotive und das Lamm und mit etwas Fantasie erkennt man auch die namensgebende Form der Felsen. Wenige Meter weiter zweigt rechts der Zugang zur **Felsenbühne Rathen** ab. Nach dreijährigem Komplettumbau wird diese einmalige Naturbühne zur Spielsaison 2022 wieder eröffnet. Mein Tipp: rechtzeitig Karten buchen!
Auf den wenigen Metern bis zum Ausgangspunkt unserer Tour erwartet den hungrigen und durstigen Wanderer noch eine urige Einkehr.

Tipp

In der Forellenräucherei Leuschke (täglich geöffnet 11-18 Uhr, im Winter nur am Wochenende) gibt es warme Forelle direkt aus dem Rauch. Die Forellen kommen teilweise direkt aus dem Amselgrundbach oder aus der Forellenzucht im Amselsee (forellenräucherei-rathen.de).

Die Felsen der Bastei

6

Ein alternativer Ausgangspunkt für den Besuch der Bastei ist der neue **Wohnmobilstellplatz in Lohmen**, direkt neben dem Großparkplatz gelegen. Die knapp drei Kilometer entfernte Bastei erreicht man von hier bequem zu Fuß, mit dem Rad oder mit dem regelmäßig ab Parkplatz verkehrenden Shuttlebus. Die beschriebenen Wanderungen nach Rathen über die Schwedenlöcher und der Basteiaufstieg zur Felsenburg sind so ebenfalls möglich.

WEITERE AUSFLÜGE AB RATHEN

Ein schöner Ausflug führt ab Rathen in die wenige Kilometer elbabwärts liegende **Stadt Wehlen**. Sie gehört mit zu den kleinsten Städten Deutschlands und trägt den Namenszusatz »Stadt« mit Stolz und Selbstbewusstsein. Dabei braucht sie sich mit ihrer lieblichen Lage an der Elbe und dem schönen Stadtkern vor größeren Städten nicht zu verstecken. Die Siedlung

Aussicht mit Suchtfaktor von der Bastei nach Rathen

Der Abstieg durch die Schwedenlöcher ist ein ganz besonderes Erlebnis.

»Wylin« wurde im 13. Jahrhundert gegründet und profitierte lange von der **Burg Wehlen** (burg-stadt-wehlen.de), in deren Schutz sich die Stadt entwickelte. Seit dem 16. Jahrhundert ist die Burg unbewohnt und verfiel zunehmend. Heute besteht die Burgruine nur noch aus wenigen Grundmauern, einem Keller und dem Rundbau. Ein Besteigen des Burgplateaus ist trotzdem zu empfehlen, schon wegen der schönen Aussicht über das Wehlstädtel, wie die Stadt auch liebevoll genannt wird. Besonders der Markt mit seinen Fachwerkhäusern, mit Restaurants, Cafés und Eisdielen hat einen unverwechselbaren Charme. Am Markt steht auch die neoromanische Kirche von 1883, die seit 2004 als erste evangelische **Radfahrerkirche** Sachsens (radfahrerkirche-wehlen.de) zur Pause und Besinnung einlädt. Neben der Kirche führt eine Gasse zum Burgberg, über Treppen erreicht man die Burgruine.

Im eingemeindeten Ortsteil **Dorf Wehlen** kann man sich die Burg in ganzer Schönheit und komplett aufgebaut ansehen, jedoch nur im verkleinerten Maßstab. Anders würde ja auch nicht die gesamte Sächsische Schweiz auf 8000 Quadratmeter unterzubringen sein. 1997 begann die Familie Lorenz mit dem detailgetreuen Nachbau der wichtigsten Sehenswürdigkeiten des Elbsandsteingebirges, natürlich aus einheimischem Sandstein. Heute ist der Miniaturpark »Die kleine Sächsische Schweiz« eine Attraktion, nicht zuletzt auch wegen der Miniaturbergbahn, die knapp einen Kilometer durch das Gelände dampft und bis zu 16 Personen transportieren kann.

Das Wehlstädtel erreicht man von Rathen aus natürlich auf dem Elberadweg. Diesen Weg, gut drei Kilometer lang und immer bequem an der Elbe

◀ Auf den Aussichtsfelsen ist man selten allein. ▶ Durch die Schwedenlöcher

entlang, kann man auch gut zu Fuß gehen. Eine zweite Möglichkeit besteht ab der Bastei als Verlängerung der oben beschriebenen Wanderung (Aufstieg) oder für Wohnmobilisten, die auf dem Caravanplatz Lohmen stehen.

AB DER BASTEI geht es etwa 250 Meter auf der Basteistraße bis zum links abzweigenden Fremdenweg (Kennzeichnung grüner Strich und roter Punkt), auf dem man nach etwa einem Kilometer die Wanderwegkreuzung am »Steinernen Tisch« erreicht. Hier kann man gut eine Rast einlegen, denn der namensgebende Tisch, auf dem schon 1710 ein kurfürstliches Hofessen stattfand, ist immer noch vorhanden. Auf dem Schwarzbergweg, einem Teil des Malerweges und als solcher auch gekennzeichnet, erreicht man nach gut zwei Kilometern bergab die Stadt Wehlen.

Für den Rückweg nach Rathen bietet sich die S-Bahn auf der gegenüberliegenden Elbseite oder der Fußweg entlang der Elbe an. Mit dem Wohnmobil ist Stadt Wehlen natürlich auch erreichbar, aufgrund der engen Straßen und der begrenzten Parkmöglichkeiten sollte das Wohnmobil auf den großen Parkplätzen am Ortseingang geparkt werden.
Eine weitere kleine Wanderung entspricht etwa dem Terrainkurweg 4 und führt zum **Rhododendrenpark**, zur **kleinen Bastei** und zum Hausberg **Gamrig**. (Rundweg, 5,5 km, 1,5–2 Stunden, 130 Höhenmeter)

STARTPUNKT IST IN Niederrathen, es geht in den Ort, und dann folgt man rechts der Beschilderung »Rhododendronpark/Kleine Bastei« über Serpentinen bergauf. Der Rhododendrenpark ist schnell erreicht und besonders in der Blütezeit ab etwa Mitte Mai bietet er einen wunderschönen Anblick. Wenige Meter sind es jetzt noch bis zur Aussicht »Kleine Bastei«. Hier ist es definitiv viel ruhiger als am Touristenhotspot Bastei, nicht ganz so spektakulär, aber trotzdem mit einer tollen 180-Grad-Aussicht über die Elbe. Weiter geht es auf der gepflasterten kaum befahrenen Zufahrtsstraße ab Rhododendrenpark, die durch Wald und Wiesen ostwärts führt. An der Einmündung zur Rathener Straße biegen wir links ab und wandern bis zum Gamrig-Parkplatz. Einige Meter weiter ist rechts der Aufstieg zum Gamrig ausgeschildert. Über Stufen geht es hoch bis zur Rundumsicht, die bis zum Lilienstein, zur Festung Königstein, zu den Schrammsteinen oder elbabwärts bis Wehlen reicht. Nach dem Abstieg folgen wir kurz vor dem Erreichen der Straße rechts dem mit Rathen ausgeschilderten Wanderweg. Anfangs etwas holprig führt der Waldweg in ca. 20 Minuten zurück nach Niederrathen, wo er am Haus des Gastes wieder in die Straße mündet.

Der künstlich aufgestaute Amselsee wird auch zur Forellenzucht genutzt.

AUF EINEN BLICK

Info

STADT/REGION: Rathen, Bastei, Stadt Wehlen/Vordere Sächsische Schweiz

BESTE REISEZEIT: April bis Oktober

OPTIMALE REISEDAUER: 2 Tage

TOURISTINFO: Touristinfo Kurort Rathen, Haus des Gastes, Füllhölzelweg 1, Tel. 035024/704 22, kurort-rathen.de; Touristinfo Lohmen, Schloß Lohmen 1, Tel. 03501/58 10 24, lohmen-sachsen.de; Touristinfo Stadt Wehlen, Markt 7, Tel. 035024/704 14, wehlen-online.de

SEHENSWÜRDIGKEITEN

EISENBAHNWELTEN IM KURORT RATHEN: Elbweg 10, 01824 Kurort Rathen, Tel. 035021/594 28, eisenbahnwelten-rathen.de

FELSENBURG NEURATHEN/BASTEIBRÜCKE/SCHWEDENLÖCHER/AMSELSEE: basteibruecke.de

BERGHOTEL BASTEI: Basteistraße, 01847 Lohmen/Bastei, Tel. 035024/77 90, berghotel-bastei.de

FELSENBÜHNE RATHEN: Amselgrund 17, 01824 Kurort Rathen, Tel. 035024/77 70, landesbuehnen-sachsen.de

MINIATURPARK »DIE KLEINE SÄCHSISCHE SCHWEIZ«: Schustergasse 8, 01829 Dorf Wehlen, Tel. 035024/706 31, kleine-saechsische-schweiz.de

STELLPLATZ ZUM LILIENSTEINBLICK

ADRESSE: Elbweg 52, 01824 Rathen, Tel. 035021/600 18, caravanplatz-zum-liliensteinblick.de

GPS: 50°56'37.2"N 14°04'44.7"E 50.943667, 14.079083

Kleiner, privat geführter Stellplatz bei einem Bauernhof, Ver- und Entsorgung, Dusche, WC, Elberadweg und Bahnlinie in unmittelbarer Nähe, Entfernung nach Rathen 2 km, ganzjährig geöffnet

REISEMOBIL- UND CARAVANPARK BASTEI

ADRESSE: Basteistraße, 01847 Lohmen, Tel. 0162/623 75 66, reisemobilpark-bastei.de

◀ Camping-Stellplatz Struppen ▶ Neu angelegter Caravanpark Bastei

GPS: 50°57'12.3"N 14°04'48.2"E 50.953419, 14.080051
Neu gebauter Stellplatz neben dem Großparkplatz Rathewalde, Ver- und Entsorgung, kaum Schatten, Fuß-Radweg zur Bastei 3 km oder Shuttle-Service ab Parkplatz, geöffnet April bis Dezember

CAMPING-STELLPLATZ STRUPPEN

ADRESSE: Kirchberg 20, 01796 Struppen, Tel. 035020/17 96 02, camping-stellplatz-struppen.de
GPS: 50°56'17.9"N 14°00'49.1"E 50.938306, 14.013646
Beliebter Stellplatz am Ortsrand, ruhig in ländlicher Umgebung gelegen, kein Schatten, Hundefreundlich, WLAN auf allen Plätzen, Ver- und Entsorgung, Sanitäranlagen (nur in der Hauptsaison), Busverbindung ab Struppen nach Königstein und Bad Schandau, über Elberadweg nach Rathen 7 km, ganzjährig geöffnet

PARKPLATZ OBERRATHEN

ADRESSE: Neben Elbweg 27, 01824 Rathen
GPS: 50°57'12.3"N 14°04'48.2"E 50.953419, 14.080051
Auf dem Parkplatz (vor der Bahnschranke) besteht die Möglichkeit im Wohnmobil zu übernachten, ideal z. B. nach Besuch der Abendvorstellung Felsenbühne, leider direkt neben der Bahnlinie, ganzjährig geöffnet

CAMPINGPLÄTZE KÖNIGSTEIN UND AM TREIDLERWEG

ADRESSE: Am Alten Sägewerk 1, 01824 Königstein, Tel. 035021/682 24, camping.koenigstein.de; Am Alten Sägewerk 4, 01824 Königstein, Tel. 035021/990 82 11, treidlercamping.de
GPS: 50°55'18.6"N 14°05'16.0"E 50.921824, 14.087775
50°55'31.0"N 14°05'35.5"E 50.925276, 14.093189
Alternative Plätze zum Besuch von Rathen, Anfahrt mit S-Bahn oder auf dem Elberadweg 8 km, siehe auch Tour 8

BURGSTADT AM FELS

Hohnstein inmitten atemberaubender Natur

Auf einem Felsen thront die Burg Hohnstein über der gleichnamigen Stadt.

7

Die mittelalterliche Burg Hohnstein ist Wahrzeichen und Hauptattraktion der gleichnamigen Stadt, die wirklich einen Besuch wert ist. Das trifft genauso auf die mit Naturlehrpfaden und Wanderwegen erschlossene Umgebung zu. Der abenteuerliche Hockstein, das liebliche Polenztal und die Brandaussicht gehören zum Pflichtprogramm.

Als Ausgangspunkt für den Besuch von Hohnstein und für die vorgeschlagenen Wanderungen oder Spaziergänge bietet sich der schöne »Campingplatz Entenfarm«, zwei Kilometer vor der Stadt gelegen, an. In Hohnstein stehen auch ausreichend große Tagesparkplätze zur Verfügung, die für Wohnmobile geeignet sind.

STADT- UND BURGBESICHTIGUNG

Auf einem Sandsteinfelsen, 140 Meter über dem Polenztal, thront die **Burg Hohnstein**. Die Lage ist ideal, denn nach drei Seiten stürzt der Fels fast senkrecht in die Tiefe. Dies war für die böhmischen Herrscher der geeignete Platz, um ihre Grenze zum Markgrafentum Meißen mit einer Grenzfeste zu sichern. Die Burg »auf dem hohen Stein« wurde im 12. Jahrhundert erstmals erwähnt. Ihre wechselvolle Geschichte kann man bei einem Besuch gut nachvollziehen. Ab 1443 gehörte die Burg nach Tauschgeschäften zu Sachsen. Die damals noch hölzerne Burganlage wurde im 17. und 18. Jahrhundert in der heutigen Form aufgebaut. Bis 1861 diente sie als kurfürstlicher Verwaltungssitz, als Gerichtsstand und auch als Gefängnis. 1926 wurde auf Burg Hohnstein die größte und schönste deutsche Jugendherberge mit 1000 Betten eröffnet. Während der dunklen Zeit des Nationalsozialismus waren dann politische Häftlinge, später Kriegsgefangene interniert. Ab 1948 wurde die Burg in der ehemaligen DDR wieder als Jugendherberge genutzt. Die wechselvolle Geschichte der Burg setzte sich nach der politischen Wende 1990 fort. Eine Betreibergesellschaft ging 2007 in Insolvenz. Jetzt liegt die Verantwortung bei der Stadt. Es gibt gastronomische Angebote, Ferienzimmer, Tagungsräume, ein Jugendhaus, ein Museum und viele Pläne zur weiteren Nutzung. Einen Besuch ist die Burg auf alle Fälle wert.

Der einzige Zugang zur Burg liegt oberhalb des **Marktplatzes**. Um diesen zentralen Platz gruppiert sich das kleine Städtchen. Die umliegenden, teils

7

steil ansteigenden, kopfsteingepflasterten Gassen mit vielen denkmalgeschützten Fachwerkhäusern aus dem 18. und 19. Jahrhundert laden zum Stadtspaziergang ein. Das prächtigste Fachwerkhaus liegt am Markt, gegenüber dem Eingang zur Burg. Es wurde 1721 als Apotheke erbaut, heute ist hier ein Sportgeschäft. Ältestes Gebäude der Stadt ist das **Rathaus** von 1688, gegenüber bietet die Touristinfo Hohnstein viele Tipps zur Urlaubsgestaltung. 1724 kam es zu einem verheerenden Stadtbrand, die Hälfte aller Häuser und auch die alte Stadtkirche brannten nieder. Die neue Kirche wurde ab 1925 an gleicher Stelle, nahe dem Marktplatz, vom Dresdner Ratszimmermeister George Bähr erbaut. Sie gilt als eines der Vorbilder der Dresdner Frauenkirche. Heute ist sie eine der bedeutendsten Barockkirchen Sachsens. Sehenswert sind der Altar und die Orgel von 1678. Beim Spaziergang durch die Stadt trifft man immer wieder auf Spuren des Hohnsteiner Kaspers, es gibt sogar einen Kaspersteig durch die Stadt

Blick von der Burg zum Markt mit dem prächtigen Fachwerkhaus von 1721

Wanderweg durch das Polenztal

und in der Touristinfo eine kleine Kasperausstellung. Was es damit auf sich hat, ist schnell erklärt. Der Puppenspieler Max Jacob gründete erst im sächsischen Hartenstein und dann in Hohnstein eine Puppenspielerbühne. Er entwickelte eigene Figurentypen, die von seinem Schnitzer Theo Eggink hergestellt wurden. Max Jacob und seinen Puppenspielern ist es gelungen, das Kaspertheater aus dem Jahrmarktumfeld herauszuholen und als eine eigenständige und pädagogische Theaterform zu etablieren. In der Max-Jacob-Straße 1 steht das **Puppenspielhaus**, in dem insbesondere an den Wochenenden Hohnsteiner Puppen- und Kaspertheater aufgeführt wird. Auch die original Hohnsteiner Handspielpuppen werden noch in überlieferter Tradition von Wolfgang Berger in Handarbeit hergestellt und verkauft (Sachsenberg-Siedlung 6a, 01848 Hohnstein, Tel. 035975/816 57, original-hohnsteiner-handspielpuppen.de).

AUF DEM NATURLEHRPFAD

Nicht überall in der Sächsischen Schweiz kann man beim Wandern auch noch viel über die Gegend, die Geschichte und die Natur lernen. In Hohnstein schon. Die Stadt hat zwei Lehrpfade angelegt und ausgeschildert. Auf insgesamt 54 Informationstafeln werden naturkundliche und kulturgeschichtliche Einzelheiten dargestellt. Beides sind Rundwege, die in der Stadt beginnen und eindrucksvolle Erlebnisse garantieren.

Vom Aussichtspunkt Hafersäcke reicht der Blick weit ins Land.

DER LEHRPFAD TEIL 1 ist sechs Kilometer lang, wobei ein Höhenunterschied von 150 Metern zweimal im An- und Abstieg zu bewältigen ist. Er führt erst durch die Stadt, dann hinunter ins Polenztal und durch den Kohlichtgrund hoch zum Hockstein. Hier auf der Felskuppe stand im Mittelalter eine Burg. Nach schöner Aussicht geht es durch die teilweise recht enge Wolfsschlucht über Treppen und Stiegen talwärts. Über den Schindergraben und den Bärengarten erreicht man wieder die Stadt Hohnstein. Am Rathaus schließt sich der zweite Teil des Lehrpfades an, der auf fünf Kilometern recht bequem durch das Polenztal unterhalb der Stadt führt. Hier liegen die Schwerpunkte auf naturkundlichen, geologischen und bodenkundlichen Zusammenhängen.

Beide Wanderwege sind neben den Informationstafeln mit der Wegekennzeichnung »grüner Schrägstrich auf weißem Grund« markiert. In der Touristinfo in Hohnstein erhält man Wanderhefte zu den Lehrpfaden.

ZUM BALKON DER SÄCHSISCHEN SCHWEIZ

Die **Brandaussicht**, auch Balkon der Sächsischen Schweiz genannt, ist ein südlich von Hohnstein gelegenes Felsplateau mit Panoramaterrasse, Bergwirtschaft, Herberge und einer Informationsstelle des Nationalparks.

7

Sie zählt seit über 250 Jahren, gewissermaßen als Pendant zur Bastei, zu den beliebtesten Aussichtspunkten der Sächsischen Schweiz. Von Hohnstein ist sie über die Brandstraße zu Fuß oder mit dem Fahrrad bequem zu erreichen. Interessanter ist der Weg durch das Polenztal. Startpunkt ist die Stadt Hohnstein.

ÜBER DIE RATHAUSSTRASSE und den rechts abzweigenden Bärengarten erreicht man den Schindergraben (grüner Schrägstrich). Nach der Brücke über die Polenz folgt man dem Wanderweg durch das Polenztal (roter Punkt) bis zur Waltersdorfer Mühle. Über die alte Steinbrücke mit der vermerkten Jahreszahl 1898 geht es dann zum Schulzengrund und stetig aufsteigend, teilweise auch über Treppen, zur Brandstraße. Oben angekommen sind es nur noch wenige Meter bis zur Brandaussicht und dem daneben liegenden Aussichtspunkt Hafersäcke. Von der Brandaussicht hat man bei gutem Wetter einen Rundblick vom Großen Winterberg im Osten bis zum Königstein und zur Bastei im Westen. Gut gestärkt und mit herrlichen Eindrücken geht es auf der Brandstraße zurück nach Hohnstein. Interessanter wird der Rückweg, wenn man nach knapp zwei Kilometern auf der Brandstraße am Waldborn nach links abzweigt. Man befindet sich jetzt auf dem zweiten Teil des Naturlehrpfades (grüner Querstrich). Den kann man bis Hohnstein, in diesem Fall rückwärts, folgen, oder man nimmt an der nächsten Kreuzung rechts den kürzeren Neuweg (roter Querstrich) bis nach Hohnstein.

Tipp

Von Mitte März bis Mitte April liegt das obere Polenztal, genauer gesagt die Märzenbecherwiesen zwischen Heeselichtmühle und Bockmühle, unter einem weißen Glockenteppich. Beste Voraussetzungen für einen unvergesslichen Osterspaziergang. Eine anspruchsvolle Rundtour beginnt als Tageswanderung in Hohnstein. Leichtere Touren starten an den Parkplätzen nahe der Bockmühle. Infos und Wanderkarte in der Touristinfo Hohnstein.

AUF EINEN BLICK

Info

STADT/REGION: Hohnstein/Sächsische Schweiz
BESTE REISEZEIT: März bis Oktober
OPTIMALE REISEDAUER: 1–2 Tage
TOURISTINFO: Touristinfo Hohnstein, Rathausstr. 9, Tel. 035975/868 13, hohnstein.de; Nationalpark Infostelle Blockhaus Brand, Brandstraße, 01844 Hohnstein, Tel. 035975/844 25, nationalpark-saechsische-schweiz.de

SEHENSWÜRDIGKEITEN

BURG HOHNSTEIN: Markt 1, Tel. 035975/812 02, burg-hohnstein.info
PUPPENSPIELHAUS MAX-JACOB-THEATER: Max-Jacob-Straße 1, Tel. 035975/84 22 43, max-jacob-theater.de
HOHNSTEINER LEHRPFADE: hohnstein.de
BRAND-BAUDE: brand-baude.de
STADTBAD HOHNSTEIN: Am Stadtbad 1, Tel. 035975/812 87, hohnstein.de

Der Campingplatz Entenfarm bietet gute Ausstattung ...

… und großzügige Stellplätze

CAMPINGPLATZ ENTENFARM HOHNSTEIN

ADRESSE: Schandauer Str. 11, 01848 Hohnstein, Tel. 035975/844 55, camping-entenfarm.de

GPS: 50°58′32.2″N 14°08′16.7″E   50.975601, 14.137965

Überschaubarer Campingplatz, ruhig zwischen Feldern und Wald gelegen, Stellplätze teilweise etwas schräg, ordentliche Sanitäranlagen, Ausgangspunkt für Wanderungen und Radtouren, Entfernung nach Hohnstein 2 km, zur Brandaussicht 4 km, geöffnet März bis Oktober

REISEMOBIL- UND CARAVANPARK BASTEI

ADRESSE: Basteistraße, 01847 Lohmen, Tel. 0162/623 75 66, reisemobilpark-bastei.de

GPS: 50°59′05.9″N 14°03′22.0″E   50.984970, 14.056110

Alternativer Stellplatz für Hohnstein und Umgebung, Busverbindung nach Hohnstein, mit Fahrrad nach Hohnstein 7 km über steile Auffahrt, siehe auch Tour 6

TAGESPARKPLATZ EICHE (P3)

ADRESSE: Teichgasse 1, 01848 Hohnstein

GPS: 50°58′45.3″N 14°06′52.8″E   50.979238, 14.114657

Ausreichend großer Parkplatz ohne Übernachtung

TAGESPARKPLATZ AM ALTEN BAHNHOF (P4)

ADRESSE: Max-Jacob-Straße, 01848 Hohnstein

GPS: 50°58′37.6″N 14°06′46.7″E   50.977108, 14.112964

Ausreichend großer Parkplatz ohne Übernachtung

WEIT SICHTBARE WAHRZEICHEN

Die schönsten Tafelberge

Festung Königstein mit der Friedrichsburg hoch über dem Elbtal

8

Schon von Weitem sind die zwei imposanten Tafelberge zu sehen. Der Königstein und vor allem der Lilienstein prägen die Silhouette der Sächsischen Schweiz. Auf beiden Bergen wurde eine Festung errichtet, aber nur die Festung Königstein ist uns erhalten geblieben.

Tafelberge gehören zu den eindrucksvollsten Landschaftsstrukturen unserer Erde. Das Monument Valley in den USA oder auch Kapstadt in Südafrika sind durch ihre Tafelberge berühmt geworden. Auch die Sächsische Schweiz verdankt einen Teil ihres Charmes und ihrer Schönheit den Tafelbergen. Gleich 26 davon stehen im Umkreis von 20 Kilometern. Die zwei bekanntesten und vielleicht auch schönsten Tafelberge stehen nahe beieinander, nur von der Elbe getrennt. Der Königstein mit der gleichnamigen Festung und der Lilienstein sind touristische Highlights. Beide können wir besteigen, um dann den Blick auf den jeweils anderen zu genießen.

STADT KÖNIGSTEIN

Bevor es hoch auf die Festung geht, bietet sich ein kleiner Spaziergang in der **Stadt Königstein** an. Die Stadt verdankt ihren Namen der einstigen Burg und späteren Festung, welche erstmals 1241 urkundlich erwähnt wurde. Die Burgsiedlung besteht seit 1379, damals gehörte sie noch zu Böhmen. Königstein liegt im Bielatal, zwischen der Elbe und den linkselbischen Bergen, und hat sich so entwickelt, wie es das enge Tal zuließ. Verwinkelte Gassen, die Stadtkirche St. Marien, ein Entwurf von George Bähr, und die Nähe zur Elbe machen den Reiz dieses kleinen Ortes aus. Im Zentrum laden Cafés und Restaurants zum Verweilen ein. 1901 verkehrte zwischen Königstein und der Kaltwasserheilanstalt Königsbrunn eine der weltweit ersten Oberleitungs-Buslinien. Sie wurde jedoch schon 1904 wegen Unwirtschaftlichkeit eingestellt. Königstein wird auch als »Stadt der 4 Steine« bezeichnet. Königstein, Lilienstein, Pfaffenstein und Quirl (siehe auch Tour 12) liegen nahe der Stadt und können auf einer kurzen Wanderung erreicht werden. Königstein ist ein Verkehrsknotenpunkt und damit als Startpunkt für Ausflüge in die Umgebung sehr beliebt. Hier verkehren Bus, Bahn, Elbschiffe und die Elbfähre nach Halbestadt. Vom Reißigerplatz fährt auch der Festungsexpress, ein Oldtimer-Doppeldeckerbus, bis zum Parkhaus an der Festung Königstein.

8

ALTERNATIV ZUM BUSTRANSFER gibt es einen angenehmen Fußweg von der Stadt hoch zur Festung. Vom Bahnhof Königstein führt der Weg elbabwärts zur Fähre und von dort durch den Brückenbogen in die Stadt. Ab dem Kreisverkehr geht es auf der Bielatalstraße bergan bis zur ersten Brücke über die Biela. Ab hier ist mit der Blaustrich-Markierung des europäischen Fernwanderweges 3 und der Ausschilderung »Festung« der Weg nicht mehr zu verfehlen. Über Stufen und mäßige Steigung erreicht man nach zwei Kilometern und 240 Höhenmetern den Eingang zur Festung.

Eindrucksvolle Gesamtansicht der Festung Königstein

Der Festungsbrunnen ist 152 Meter tief.

DER KÖNIGSTEIN MIT FESTUNG

Die **Festung Königstein** ist neben der Bastei das wohl bekannteste Ausflugsziel in der Sächsischen Schweiz. Schon im 13. Jahrhundert hatte man die strategische Lage des Berges erkannt und eine Burg darauf errichtet. Diese mittelalterliche Burganlage gehörte lange zum Königreich Böhmen. Erst 1459 wurde mit dem Vertrag von Eger die sächsisch-böhmische Grenze und damit der Übergang des Königsteins zur Markgrafschaft Meißen festgelegt. Der Ausbau zu einer der größten Bergfestungen in Europa begann 1566 mit dem Graben eines Brunnens. Sechs Jahre später stießen die Freiberger Bergleute in 152,5 Metern Tiefe auf Wasser. Es ist der zweittiefste Burgbrunnen Europas. Mit der Wasserversorgung war eine wichtige Voraussetzung für den Bau einer Bergfestung gegeben. Ab 1590 wurde der Königstein dann zur stärksten Festungsanlage Sachsens ausgebaut. Sie galt als uneinnehmbar, wobei diese Aussage niemals ernsthaft auf die Probe gestellt wurde. Erklimmt man heute die Festung, dann ist man von ihrer Dimension, von der exponierten Lage und auch vom Erhaltungszustand der über 50, teilweise 400 Jahre alten Gebäude gleichermaßen fasziniert. 240 Meter über der Elbe erstreckt sich die Festungsanlage auf dem 9,5 Hektar großen Felsplateau, hier hätten 13 Fußballfelder Platz. Das gesamte Plateau wurde mit einer bis zu 40 Meter hohen Festungsmauer umgeben, welche auf und zwischen den natürlichen Felsen gebaut wurde. Hat man zu Fuß oder mit der Festungsexpress-Bimmelbahn die untere Kasse erreicht, muss man sich schon wieder entscheiden. Nimmt man den Lift zum Festungsplateau

Militärhistorische Vereine treffen sich zum Artilleriemanöver.

oder den Fußweg über die Rothe Brücke, das Medusentor und das Torhaus, wobei der Fußweg wesentlich interessanter ist. Hier kann man die Sicherungsanlagen der Festung gut besichtigen und der steile Aufstieg durch die dunkle Appareille vermittelt schon einen ersten nachhaltigen Eindruck. Schießscharten, Steinschmeißen, Pechnasen, Fallpalisaden und mächtige Tore sollten jeden Angriff abwehren. Mit einer Winde mussten die Wagen auf die Festung gezogen werden. Der Zugangstunnel führt unter dem ältesten Teil der Festung hindurch, man unterquert also das Torhaus, das Kommandantenhaus sowie das Neue Zeughaus und erreicht den zentralen Paradeplatz. Am Paradeplatz und am sich anschließenden Augustusplatz stehen die wichtigsten Gebäude der Festung. Hier beginnt auch der Rundgang über das Festungsgelände. Am eindrucksvollsten sind wohl das Brunnenhaus und die Magdalenenburg. Während sich im Brunnenhaus alles um das Schöpfen des Wassers für die Festung dreht, kann man im Keller der Magdalenenburg einiges über die Lagerung des, zumindest für die höfische Gesellschaft wesentlich wichtigeren Getränkes, des sächsischen Weins, erfahren. Die oberen Etagen der Magdalenenburg dienten der Unterbringung des Hofes bei Besuchen auf der Festung, aber im Proviantkeller des Renaissanceschlösschens stand als Attraktion das riesige Weinfass August des Starken. 238 600 Liter Wein konnte es aufnehmen, Oberlandbaumeister Pöppelmann, der Erbauer des Zwingers, kümmerte sich ab 1723 persönlich um den Bau. Dafür mussten extra die Kellergewölbe umgebaut und erweitert werden. Es war schon das dritte und nun weltgrößte Weinfass, was es aber auch nicht davor bewahrte, in wenigen Jahren im Keller zu verfaulen. Es musste wie die zwei vorherigen abgebaut werden. Leider ist von den gigantischen Fässern heute nichts mehr vorhanden, die Keller kann man aber besichtigen.

Der weitere Rundgang über die Festungsanlage führt zur Garnisonskirche, zum Zeughaus, zur Georgenburg und zu den Kasernengebäuden und Lazaretten, fast alles ist zugänglich und mit vielen speziellen Ausstellungen aufgewertet.

Es ist offensichtlich, dass hier eine komplett autarke Stadt steht. Man konnte sich vollständig selbst versorgen und so einer Belagerung lange standhalten. Die Bäckerei ist übrigens heute auch noch einen Besuch wert. Leckerer Kuchen und Festungsbrot sind im Angebot.

Auf Augenhöhe – der Lilienstein auf der gegenüberliegenden Elbseite

8

Tipp

Für alle, die noch tiefer in die Festungsgeschichte eintauchen und auch nichtöffentliche Bereiche sehen möchten, werden derzeit neun thematische Führungen angeboten. Ob Festung exklusiv, wehrhaft, unterirdisch, geheimnisvoll oder bei Nacht, es ist immer ein ganz besonderes Erlebnis (festung-koenigstein.de).

Zu erwähnen wäre noch, dass die Burg neben der Belustigung des Hofes zwei weitere wichtige Aufgaben hatte. Sie war sächsisches Staatsgefängnis mit prominenten Insassen wie Johann Friedrich Böttger, dem Erfinder des Meissener Porzellans, August Bebel oder Frank Wedekind, und sicherer Aufbewahrungsort des sächsischen Staatsschatzes in kriegerischen Zeiten. Das Schatzhaus, ein ehemaliges Pulvermagazin mit bis zu 1,8 Metern dicken

Gut ausgebauter Südaufstieg zum Lilienstein

Oben angekommen wird man mit fantastischen Aussichten belohnt.

Wänden, war dafür sehr gut geeignet. Der Festungsbesuch ist anstrengend und die vielen Eindrücke müssen erst einmal verarbeitet werden. Das ist die richtige Zeit für einen kleinen Spaziergang. Der Rundweg um die Festung, immer an der äußeren Mauer entlang, bietet sensationelle Ausblicke in alle Richtungen. Am beliebtesten ist die nordöstliche Seite. Hier steht direkt an der Festungsmauer die barocke Friedrichsburg über dem einmaligen Elbpanorama mit dem markanten Lilienstein auf der gegenüberliegenden Elbseite, dem Wahrzeichen der Sächsischen Schweiz. Es ist ein Ausblick, von dem man nicht genug bekommen kann.

Tipp

Die Festung Königstein ist auch im Winter einen Besuch wert. Besonders der historisch-romantische Weihnachtsmarkt mit der unterirdischen Weihnachtswelt in den Kasematten ist ein Erlebnis der besonderen Art. Musikanten mit historischen Instrumenten, Gaukler und Puppenspieler unterhalten die Gäste und auf offenen Feuern wird nach alten Rezepten gegart. Man fühlt sich, nicht zuletzt durch die Aura der Festung, wie in eine andere Zeit versetzt (jeweils an den Adventswochenenden 11–19 Uhr, festung-koenigstein.de).

Die Aussichtsfelsen, wie hier der Mulattenkopf, sind gut zu erreichen.

AUFSTIEG ZUM LILIENSTEIN

Der **Lilienstein** ist nicht nur der einzige rechtselbige Tafelberg, sondern auch der beeindruckendste überhaupt. Er steht exponiert im Zentrum der Sächsischen Schweiz und stellt das Idealbild eines Tafelberges mit seinen steil aufragenden Felswänden und der flachen Felskrone dar. Wie ein Riesenhut thront er über dem flachen Umland. Dieser Anblick ist besonders eindrucksvoll, wenn man von der Elbeseite über die Ebenheit zum Lilienstein blickt oder wandert. Eine weitere Besonderheit ist die **Elbschleife**, welche sich in einem Halbkreis um den Berg windet und ihn damit noch attraktiver macht. Der Lilienstein ist nicht nur das Wahrzeichen der Sächsischen Schweiz, sondern er ziert auch das Logo des Nationalparks. Die Besteigung des Liliensteins, der noch mal 55 Meter höher ist als der Königstein, sieht erst einmal kompliziert aus, ist aber recht gut machbar und auch irgendwie ein Muss für die Besucher der Sächsischen Schweiz. Es gibt zwei Auf- und Abstiege (Blaustrichmarkierung des Europäischen Wanderweges 3), jeweils einen an der Nord- und an der Südseite des Tafelberges. Kommt man von der Elbfähre in Halbestadt oder ganz bequem vom Wohnmobilstellplatz am Panoramahotel Lilienstein bzw. der nahen Bushaltestelle Ebenheit-Wendeplatz (Buslinie 253 von/nach Bad Schandau), dann führt ein direkter Weg über die Ebenheit zum Südaufstieg. Es ist überliefert, dass August der Starke 1708 an der Südseite Treppen anlegen und Stufen in den Stein hauen ließ, um den Berg selbst besteigen zu können. Ein Obelisk an der Ostseite erinnert noch heute daran. Nach dem kräftezehrenden Aufstieg wird man durch einmalige

8

Ausblicke belohnt. Besonders schön ist die Aussicht vom **Mulattenkopf**, den man über eine Leiter und eine kleine Gitterrostbrücke erreicht. Hier schweift der Blick über die Elbe zur Festung Königstein und zur Bastei. Auf dem kurzen Weg zur Bergwirtschaft »Felsbaude Lilienstein« erkennt der aufmerksame Wanderer auch noch Fundamentreste der Burg Lilienstein aus dem 14. Jahrhundert. Gegenüber der Gaststätte steht ein weiterer Obelisk, der zur 800-Jahr-Feier der Wettiner 1889 dort aufgestellt wurde. Hier und auch bei der Wetterkiefer an der Ostseite des Plateaus hat man wieder tolle Ausblicke und Fotomotive. Für den Abstieg bietet sich jetzt die Nordseite an. Über eiserne Stufenanlagen und Treppen erreicht man den Fuß des Berges.

Tipp

Seit 2007 bewirtschaften Uwe und Sabine Hähnel das sogenannte »Steingut«, einen kleinen Bauernhof aus dem Jahre 1587. Mit ihren Eseln, Ziegen und einer Menge Kleintieren leben sie hier im Einklang mit der Natur. In ihrer kleinen Gastwirtschaft werden selbst gebackener Kuchen und Biospezialitäten aus eigener Produktion oder von benachbarten Höfen angeboten. Ein echter Genießertipp, geöffnet von April bis Oktober (Halbestadt 25, 01824 Königstein, Tel. 0173/911 90 36, dassteingut.de).

Die Festung Königstein ist vom Lilienstein aus gut zu sehen.

▲ Basteibrücke vom linkselbigen Radweg aus gesehen ▼ Kleine Pause in Pirna

8

NACH DEM BESUCH der Festung oder der Besteigung des Liliensteins bleibt sicher noch etwas Zeit für eine kleine Radtour. Der Standort nahe der Stadt Königstein ist ideal geeignet für ein paar Kilometer auf dem Elberadweg. Von hier sind es jeweils nur rund 15 Kilometer bis nach Schmilka bzw. nach Pirna. Flussaufwärts müssen wir uns in Bad Schandau für eine Elbseite entscheiden. Die linkselbige Route verläuft mit einem schönen Ausblick auf die Schrammsteine über den kleinen verträumten Ort Krippen bis nach Schmilka Hirschmühle bzw. Schöna. An beiden Endpunkten kann man mit der Fähre auf die rechte Elbseite übersetzen, von Schöna ins tschechische Hrensko, und dann in der Abendsonne nach Bad Schandau zurückradeln.
In die andere Richtung ist es mindestens genauso schön. Ab Königstein verläuft der Radweg linkselbig bis nach Oberrathen. Hier sollte man mit der historischen Gierseilfähre nach Niederrathen übersetzen. Die Fähre überwindet den Fluss ohne Motor, nur mit der Kraft der Strömung. In Niederrathen geht es touristisch zu. Gaststätten, Souvenirgeschäfte und viele Menschen drängen sich auf der kleinen Hauptstraße »Am Grünbach« und an der Elbpromenade. Über den »Wehlener Weg« erreicht man die Stadt Wehlen, hier lohnt sich ein kleiner Spaziergang über den Marktplatz zur Radfahrerkirche und an der Elbe entlang. Nur noch wenige Kilometer sind es jetzt bis nach Pirna, wo wir über die Stadtbrücke auf die linke Elbseite wechseln und den Ort über die Elbpromenade Richtung Rathen verlassen. Auf der gegenüberliegenden Elbseite sieht man, wie die Felsen immer höher und bizarrer werden und sich immer weiter an den Fluss drängen. Die früheren Steinbrüche sind noch gut erkennbar, hier wurde der Sandstein für die Dresdner Prachtbauten wie Frauenkirche und Zwinger, aber auch für Bauwerke außerhalb Sachsens, zum Beispiel das Brandenburger Tor und die Universität der Künste in Berlin, abgebaut. Zwischen Stadt Wehlen und Oberrathen hat man noch mal eine schöne Sicht auf die Bastei und die Basteibrücke, ehe man die letzten Kilometer bis Königstein unter die Räder nimmt (elberadweg.de).

AUF EINEN BLICK

Info

STADT/REGION: Königstein/Sächsische Schweiz
BESTE REISEZEIT: Ganzjährig
OPTIMALE REISEDAUER: 1–2 Tage
TOURISTINFO: Touristinfo im Treff-Punkt Königstein, Pirnaer Str. 2, Tel. 035021/682 61, koenigstein-sachsen.de; Touristinfo Festung Königstein, Parkhaus Am Malerweg, Am Königstein 1, Tel. 035021/995 41, koenigstein-sachsen.de

SEHENSWÜRDIGKEITEN

FESTUNG KÖNIGSTEIN: bergwelten.com, festung-koenigstein.de
LILIENSTEIN: bergwelten.com, felsbaude-lilienstein.de

CAMPING KÖNIGSTEIN

ADRESSE: Am Alten Sägewerk 1, 01824 Königstein, Tel. 035021/682 24, camping.koenigstein.de
GPS: 50°55'18.6"N 14°05'16.0"E 50.921824, 14.087775
Direkt an der Elbe und am Radweg gelegener Campingplatz, terrassenförmig angelegt, alle Einrichtungen vorhanden, die untersten Plätze am Fluss sind die begehrtesten, idealer Ausgangspunkt für Ausflüge, leider nah an der Bahnlinie, Reservierung ab 3 Nächte mit Anzahlung, spontane Anreise möglich, telefonische Anfrage empfehlenswert. Entfernung zur Stadt Königstein 1,5 km, Festung Königstein 3 km, Lilienstein Südaufstieg 3 km, ganzjährig geöffnet

CAMPING AM TREIDLERWEG

ADRESSE: Am Alten Sägewerk 4, 01824 Königstein, Tel. 035021/990 82 11, treidlercamping.de
GPS: 50°55'31.0"N 14°05'35.5"E 50.925276, 14.093189
Direkt neben dem Camping Königstein und ähnlich schön gelegen, jedoch dieselbe Lärmbelästigung durch die nahe Bahnlinie, Restaurant Bomätscher mit schöner Elbterrasse und das Elbe-Freizeitland direkt neben dem Platz, kostenfreie Nutzung der privaten Buslinien Nationalparkexpress, Basteikraxler und Festungsexpress, Haltestelle am Platz, ganzjährig geöffnet

◀ Camping Königstein direkt an der Elbe ▶ Stellplatz am Hotel Lilienstein

WOHNMOBILSTELLPLATZ AM PANORAMAHOTEL LILIENSTEIN

ADRESSE: Ebenheit 7, 01824 Königstein, Tel. 035022/531 00, hotel-lilienstein.de

GPS: 50°55'30.9"N 14°04'29.9"E 50.925254, 14.074963

Schön gelegener Stellplatz neben dem Hotel, oberhalb der Elbe, Ausgangspunkt für Wanderung zum Lilienstein, Königstein über Fähre erreichbar, Bus nach Bad Schandau neben Platz, Ver- und Entsorgung vorhanden, Duschen im Hotel, geöffnet Februar bis Dezember

WOHNMOBILSTELLPLATZ AM LANDGASTHOF NEUE SCHÄNKE KÖNIGSTEIN

ADRESSE: Am Königstein 3, 01824 Königstein, Tel. 035021/999 60, neue-schaenke.de

GPS: 50°55'19.8"N 14°03'02.0"E 50.922155, 14.050556

Kleiner Übernachtungsplatz neben Landgasthof, ganzjährig nutzbar

PARKPLATZ NEBEN PARKHAUS FESTUNG KÖNIGSTEIN

ADRESSE: Am Königstein 1, 01824 Königstein, Tel. 035021/995 41, koenigstein-sachsen.de

GPS: 50°55'19.7"N 14°02'54.2"E 50.922138, 14.048382

Parkspur für Wohnmobile neben dem Parkhaus, ganzjährig nutzbar

CAMPING-STELLPLATZ STRUPPEN

ADRESSE: Kirchberg 20, 01796 Struppen, Tel. 035020/17 96 02, camping-stellplatz-struppen.de

GPS: 50°56'17.9"N 14°00'49.1"E 50.938306, 14.013646

Stellplatzalternative für diese Tour, siehe auch Tour 6, Entfernung zur Festung Königstein 5 km, Busverbindung nach Königstein und Bad Schandau, ganzjährig nutzbar, Nebensaison ohne Sanitärbereich

TOURISTISCHER KNOTENPUNKT

Kurort Bad Schandau

Promenade von Bad Schandau mit dem Hotel Elbresidenz

9

Bad Schandau ist einer der bekanntesten und beliebtesten Urlaubsorte der Region. Seine zentrale Lage als idealer Ausgangspunkt für verschiedenste Aktivitäten, die gute Verkehrsanbindung und zahlreiche touristische Angebote machen den Reiz dieses Ortes aus.

Zur Herkunft des Namens Schandau gibt es viele Überlieferungen. Im 14. Jahrhundert auf einem Schwemmlandkegel in der Elbe gegründet, könnte der Ortsname von dem Begriff »Sandaue« kommen. Andere Chronisten berichten über einen nicht ganz ehrlichen Kampf zwischen Raubrittern, der dem Ort den Namen »Schandaue« zuschreibt. Betrachtet man die häufigen und verheerenden Hochwasserkatastrophen, die hier seit dem 8. Jahrhundert überliefert sind, dann wäre es auch denkbar, dass die Ortsbezeichnung auf den früheren Siedlungsnamen »Zur Schande« mit der Bedeutung eines durch Naturkatastrophen geschändeten und geschädigten Ortes zurückgeht. Die Elbe fließt hier durch ein fast schon canyonartiges, beidseitig von Felsen und Bergen eingefasstes Tal. Mit unfassbaren 9,78 Meter über dem durchschnittlichen Wasserstand der Elbe wurde hier am 16. August 2002 der höchste Hochwasserpegel gemessen. In einem riesigen Kraftakt haben die Einwohner von Bad Schandau und viele Helfer die Hochwasserschäden beseitigt, ohne damals zu wissen, dass die Stadt und die gesamte Elbregion in den nächsten Jahren weitere Hochwasserkatastrophen erleiden werden. An einigen Häusern sind die unglaublichen Hochwassermarken angebracht, die viele Besucher bei einem Stadtbummel kopfschüttelnd betrachten.

CHARMANTER FERIEN- UND KURORT

Heute ist von den Hochwasserschäden in **Bad Schandau** nicht mehr viel zu sehen. Die kleine Stadt präsentiert sich charmant und fast schon etwas mondän. Diesem Eindruck kann man sich bei einem Spaziergang auf der hübschen Elbpromenade kaum verschließen. Gründerzeitbauten, vornehme Hotels und die Toskanatherme säumen die Promenade. Hier legen auch die Schiffe der Sächsischen Dampfschifffahrt an. Man kann wunderbar flanieren oder im Sommergarten des Hotels Elbresidenz, übrigens das einzige 5-Sterne-Hotel der Sächsischen Schweiz, oder in einem anderen Gartenrestaurant mit Blick auf die Elbe einkehren.

9

Tipp

Nicht nur bei schlechtem Wetter ist die Toskanatherme einen Besuch wert. Kurgäste, Urlauber und Aktivtouristen relaxen gleichermaßen mit allen Sinnen. Wärme, Wasser, Klang, Licht und natürlich die grandiose Aussicht auf die Elbe sind die natürlichen Zutaten für das Entspannungsprogramm (Rudolf-Sendig-Straße 8a, 01814 Bad Schandau, Tel. 035022/546 10, toskanaworld.net)

Über die Dampfschiffstraße erreicht man, vorbei an der sehenswerten St. Johanniskirche, den lang gezogenen **Marktplatz**. Hier befinden sich ganz zentral die Touristinfo und das Aktivzentrum mit einem umfassenden Angebot verschiedenster Aktivitäten, Sport- und Wanderausrüstung und einem Fahrradverleih. Im Zentrum des Marktplatzes steht der rekonstruierte **Sendig-Brunnen**, der von seinem Namensgeber 1896 der Stadt gespendet wurde. Rudolf Sendig, Visionär, Mäzen und Ehrenbürger von Bad Schandau hat das Kurbad nachhaltig mitgestaltet. Anfangs als Koch tätig, bewies er

◀ Marktplatz von Bad Schandau mit Sendig-Brunnen ▶ Ostrauer Villen

Historischer Personenaufzug von 1904

in den Folgejahren einen ausgeprägten unternehmerischen Verstand. Er entwickelte mehrere erstklassige villenartige Kurhotels und machte sich um das Stadtbild verdient. Ab 1882 führte er erfolgreich das neu erbaute Kurhaus und begann den Kurpark mit Portikus und Wandelhalle anzulegen. Mit seinem unternehmerischen Elan, verbunden mit Risikobereitschaft und Durchsetzungsvermögen, gelang es ihm, Bad Schandau zu einer international anerkannten Kurstadt zu entwickeln.

Noch heute sichtbares Zeugnis seiner visionären Tätigkeit war der Bau des elektrischen Personenaufzuges zum Villenviertel Ostrauer Scheibe. Dieser frei stehende, schlanke, historische Personenaufzug ist ein technisches und kulturelles Denkmal. Der Ingenieur dieser Stahlkonstruktion war ein Schüler Gustave Eiffels, des Erbauers des Pariser Eiffelturms. Sendig ließ den Aufzug 1904 errichten, um seiner betuchten Kundschaft und den Kurgästen den Zugang zu den **Ostrauer Villen** zu erleichtern. Diese Villen im Landhausstil waren auch eine Unternehmung von Sendig, der den ganzen Stadtteil erschließen und diese Fertighäuser bauen ließ.

Seine Pläne gingen so weit, dass er in Ostrau einen Weltsportplatz mit Luftschiffhafen und Rennstrecke errichten wollte. Dieses Vorhaben scheiterte am Ausbruch des Ersten Weltkrieges.

Mit dem historischen Personenaufzug erreicht man auch heute noch den Stadtteil Ostrau mit den »lieblichen Landhäusern«, wie Sendig sie selbst nannte. Auf einem Spaziergang über den Ostrauer Ring kann man sich nicht nur von der schönen Architektur überzeugen, man hat auch gute

◀ Nette Restaurants und Cafés in der Kirchstraße ▲ Gasthof Lichtenhainer Wasserfall ▼ Technisches Denkmal und Museum Neumann-Mühle

Ausblicke in die Umgebung bis zu den Schrammsteinen. Alternativ zum Aufzug kann man den Lutherweg für den Rückweg nach Bad Schandau wählen. Dieser endet am **Kurpark**, der den Besuchern Ruhe und Entspannung bietet. Von hier sind es nur wenige Schritte bis zum heimatkundlichen Museum und zum Botanischen Garten, der vor allem Pflanzen der Sächsischen Schweiz, der angrenzenden Mittelgebirge und der Alpen zeigt. Durch den lang gezogenen Kurpark fließt die Kirnitzsch, die auch immer mal wieder über ihre Ufer tritt, wie zuletzt im Sommer 2021, als sie den Park und Teile des Kirnitzschtals überschwemmte. Am Kurpark befindet sich die Endhaltestelle der Kirnitzschtalbahn, einer historischen Straßenbahn von 1898, die vorrangig touristischen Zwecken dient und das gleichnamige Tal bis zum Lichtenhainer Wasserfall erschließt.
Doch ehe man in das schöne Kirnitzschtal startet, sollte man dem kleinen **mittelalterlichen Stadtzentrum** von Bad Schandau einen Besuch abstatten. Im Bereich um die Marktstraße, die Poststraße und die schmale Kirchstraße findet man in den historischen Häusern nette Restaurants, Cafés und Läden, also beste Voraussetzungen für einen kleinen Stadtbummel.

9

DURCHS WILDE KIRNITZSCHTAL

Das landschaftlich ungemein reizvolle **Kirnitzschtal**, ein Seitental des Elbtals, gehört zu den schönsten Tälern des Elbsandsteingebirges. Benannt nach dem Fluss Kirnitzsch, folgt es diesem von der Quelle bei Krásná Lípa (Schönlinde) in der Böhmischen Lausitz bis nach Bad Schandau, wo er nach ca. 40 Kilometern in die Elbe fließt. Schon im 16. Jahrhundert wurde die Kirnitzsch als Floßgewässer ausgebaut. Jahrhundertelang wurde so das Holz aus dem hinteren Elbsandsteingebirge zur Elbe transportiert. Zwölf Mahl- und Schneidemühlen standen hier und nutzten die Kraft des Flusses. An der Einmündung zum Großen Zschand liegt die **Neumann-Mühle**. Sie ist die einzige Mühle des Kirnitzschtals mit noch annähernd ursprünglicher Gestalt. Die Neumann-Mühle ist heute ein technisches Denkmal. Man kann die originalen Maschinen, zu ausgewählten Tagen sogar in Funktion, besichtigen und viel Wissenswertes über die Wassermühle erfahren.

AN DER NEUMANN-MÜHLE endet der Flößersteig, eine der schönsten Wanderrouten im Kirnitzschtal. Startpunkt ist in Bad Schandau. Über insgesamt 16 Kilometer geht es an der Kirnitzsch entlang flussaufwärts, immer weiter hinein in das wildromantische Tal. Auf der nahen Kirnitzschtalstraße verkehren Bus und Straßenbahn für die Rückfahrt. Somit sind auch Teilstücke, also Beginn, Ende und Länge der Wanderung, frei wählbar. Die Wanderung ist insbesondere an heißen Sommertagen, aber auch an Tagen mit schlechter Fernsicht sehr beliebt. Sie ist nicht besonders anspruchsvoll, bis auf den Abschnitt zwischen dem Campingplatz Ostrauer Mühle und Forsthaus. Hier ist der Wanderweg als »schwierig« ausgezeichnet, an steilen, felsigen und verwurzelten Stellen sind die Ketten, Stahlbügel und Geländer auch unbedingt erforderlich, um das Wegstück zu bewältigen. Trittsicherheit und eine gewisse Schwindelfreiheit sind hier notwendig.

Eine Wegbeschreibung ist für diese Wanderung nicht erforderlich, man folgt immer der Kirnitzsch und bleibt auf dem mit einem grünen Schrägstrich gekennzeichneten Flößersteig. Zahlreiche Hinweistafeln machen den Wanderweg zum Lehrpfad.

9

Wer es bequemer mag, der steigt am Kurpark in Bad Schandau in die historische Kirnitzschtalbahn und fährt durch das Tal bis zum **Lichtenhainer Wasserfall**. Er ist eines der ältesten Ausflugsziele der Sächsischen Schweiz. Anfangs war der Weg beschwerlich, doch 1825 wurde die Straße gebaut und neben dem Wasserfall gab es einen kleinen Ausschank. 1830 wurde der doch recht spärliche Wasserfall künstlich verstärkt, indem man den Bach anstaute. Ein Lichtenhainer Bürger bekam das Amt des Wasserfallziehers, der dann gegen ein kleines Trinkgeld der Ausflügler die Stauanlage für einige Minuten öffnete. Im Jahre 1852/53 wurde das Gasthaus im Schweizer Stil neben dem Wasserfall erbaut. Noch heute ist es eine gut besuchte Ausflugsgaststätte mit schönem Biergarten, und auch das historische Wehr wird alle 30 Minuten zur Freude der Touristen geöffnet. An fast allen Haltestellen der Kirnitzschtalbahn kann man gut ausgeschilderte Wanderungen beginnen, so auch an der Endstelle. Am Lichtenhainer Wasserfall beginnen mehrere unterschiedlich schwierige Wanderungen. So führen schöne Wanderwege über den Kleinen und Großen Winterberg

Startpunkt der historischen Kirnitzschtalbahn im Kurpark Bad Schandau

Hinter diesem Felstor beginnt der Aufstieg über die Himmelsleiter.

bis nach Schmilka, zur Räumichtmühle oder nur bis zum **Kuhstall**. Letzterer ist das bekannteste Ausflugsziel ab dem Lichtenhainer Wasserfall und die meisten Wanderungen von hier führen über den Kuhstall. Der Name wird auf den Dreißigjährigen Krieg zurückgeführt, als die Bewohner der umliegenden Ortschaften mit ihrem Vieh in der torartigen Durchgangshöhle Zuflucht suchten. Mit einer Grundfläche von 17 mal 24 Metern und elf Metern Höhe ist der Kuhstall nach dem Prebischtor (Tour 10) das zweitgrößte Felsentor im Elbsandsteingebirge. Über die Himmelsleiter, eine schmale Steiganlage mit 108 Stufen, erreicht man das weitläufige Gipfelplateau des **Neuen Wildensteins**. Hier stand früher eine Raubritterburg, Mauerreste sind noch erhalten. Vom Neuen Wildenstein und auch vom Aussichtspunkt am Kuhstall hat man eine großartige Aussicht auf die zerklüfteten Felsen der Hinteren Sächsischen Schweiz. Das Gasthaus am Kuhstall lädt zur Einkehr ein.

DIE RECHT LEICHTE Wanderung zum Kuhstall, seit dem 19. Jahrhundert ein Wanderklassiker in der Sächsischen Schweiz, beginnt am Parkplatz Lichtenhainer Wasserfall. Man folgt dem Rotpunkt-Wanderweg hinauf in das Münzbachtal und erreicht nach 30 Minuten den Kuhstall. Wenn man nicht den gleichen Weg zurückgehen möchte, dann empfiehlt es sich, ab dem Gasthaus den Gelbstrich-Wirtschaftsweg nordwärts zu nehmen. Der Waldweg führt ins Kirnitzschtal und kreuzt den Flößersteig, auf den man dann links abbiegt und zum Lichtenhainer Wasserfall zurückwandert (5,5 km, 1,5 Std., 150 Hm).

Spektakuläre Ausblicke von der Schrammsteinaussicht

OSTRAUER MÜHLE

Ein guter Ausgangspunkt für den Besuch von Bad Schandau, aber auch für Ausflüge und Wanderungen in das Kirnitzschtal, ist der **Campingplatz Ostrauer Mühle**. Mit dem Rad sind die umliegenden Ortschaften gut erreichbar, direkt vor dem Campingplatz halten die Kirnitzschtalbahn und die Busse nach Bad Schandau, Königstein, Pirna und Hinterhermsdorf. Auch für Wanderungen in das Schrammsteingebiet, das größte zusammenhängende und aufregendste Felsrevier der Sächsischen Schweiz, ist der Campingplatz ein guter Startpunkt.

ZU EMPFEHLEN IST hier die anspruchsvolle Wanderung, die ab der Ostrauer Mühle dem Malerweg (4. Etappe) folgt und am Lichtenhainer Wasserfall nach etwa 14 Kilometern endet. Der Weg führt durch das imposante Schrammtor und den Jägersteig-Aufstieg zum Schrammsteingratweg mit der Schrammsteinaussicht. Dieser Abschnitt der Wanderung führt über Eisenleitern und ist mit Hunden nicht zu empfehlen. Eine Umgehung des Jägersteiges ist über den Elbleiten- und den Zeughausweg möglich. Nach herrlichen Aussichten auf die Schramm- und Affensteine gelangt man auf dem Unteren Affensteinweg zur Zeughausstraße, die zum Kirnitzschtal führt. **Am** Beuthenfall erreicht man dann das Tal und kurz später den Lichtenhainer Wasserfall.

Der Aufstieg zur **Schrammsteinaussicht** ist bei der obenstehenden Wanderung einer der Höhepunkte. Die nachfolgend beschriebene leichte Radtour führt auch zur Schrammsteinaussicht und ist als Halbtagestour nicht so zeitaufwendig.

DIE RADTOUR KANN man ebenfalls am Campingplatz Ostrauer Mühle oder in Bad Schandau beginnen. Über die Kirnitzschtalstraße fährt man bis zum Wanderparkplatz Nasser Grund und von dort auf dem ausgeschilderten Nationalpark-Radweg bergan bis zur Ebene. Auf der linken Seite bietet sich über die Wildwiese schon ein erster Blick auf die Schrammsteine. An der nächsten Abzweigung biegt man scharf nach links auf den Zeughausweg ab. Hier ist die Schrammsteinaussicht schon ausgeschildert. Nach knapp einem Kilometer auf diesem Radweg zweigt nach rechts ein Wanderweg zur Schrammsteinaussicht ab. Ab hier ist Radfahren offiziell nicht mehr erlaubt, es sind aber nur noch wenige Meter bis zum Aufstieg zur Schrammsteinaussicht. Jetzt muss das Fahrrad stehen bleiben, es geht nur noch zu Fuß weiter. Über Treppen, Stufen und Leitern erreicht man über den Mittelwinkelaufstieg den Aussichtspunkt und kann die traumhafte Rundumsicht genießen. Wieder unten angekommen, fährt man über den Zeughausweg zurück bis zum Abzweig und weiter geradeaus über den Wenzelweg bis zum Zahnsgrund. Ab hier geht es immer bergab bis zum Elberadweg und dann über Bad Schandau und die Kirnitzschtalstraße zurück zum Campingplatz (Fahrstrecke ca. 16 km plus Aufstieg Schrammsteinaussicht).

◀ Beliebtes Wanderziel Kuhstall ▶ Markanter Bloßstock in den Affensteinen

AUF EINEN BLICK

Info

STADT/REGION: Bad Schandau/Sächsische Schweiz
BESTE REISEZEIT: Ganzjährig
OPTIMALE REISEDAUER: 2–3 Tage
TOURISTINFO: Touristservice im Haus des Gastes Bad Schandau, Markt 12, Tel. 035022/900 30, bad-schandau.de; Nationalparkzentrum Sächsische Schweiz, Dresdner Str. 2 B, 035022/502 40, lanu.de; Touristinfo Kirnitzschtal, Sebnitzer Str. 2, Tel. 035022/427 74, tourismus.sebnitz.de

SEHENSWÜRDIGKEITEN

BAD SCHANDAU: bad-schandau.de
SENDIG-BRUNNEN: rudolf-sendig.de
HISTORISCHER PERSONENAUFZUG: Rudolf-Sendig-Straße, 01814 Bad Schandau, bad-schandau.de
KIRNITZSCHTALBAHN: ovps.de
NEUMANN-MÜHLE: Gaststätte und Museum, Kirnitzschtalstraße 4-5, 01855 Ottendorf, Tel. 035974/505 65, saechsische-schweiz.com; neumann-muehle.de
LICHTENHAINER WASSERFALL: Kirnitzschtalstraße 11, 01855 Lichtenhain, Tel. 035971/537 33, lichtenhainer-wasserfall.de

CAMPINGPLATZ OSTRAUER MÜHLE

ADRESSE: Kirnitzschtal, 01814 Bad Schandau, Tel. 035022/427 42, ostrauer-muehle.de
GPS: 50°55′46.0″N 14°11′36.2″E 50.929446, 14.193383
Idyllisch im Kirnitzschtal gelegener Campingplatz, gute Verkehrsanbindung nach Bad Schandau und weiter ins Kirnitzschtal, Wanderungen direkt ab Platz, Gaststätte Flößerstube mit deftigen Speisen, schlechte Mobilfunk-/Internetverbindung, ganzjährig geöffnet

CAMPING BERGOASE

ADRESSE: Obere Straße 19, 01855 Kirnitzschtal/OT Mittelndorf, Tel. 035022/547 97, berg-oase.de
GPS: 50°56′06.6″N 14°12′39.4″E 50.935162, 14.210930

◀ Lichtenhainer Wasserfall neben dem gleichnamigen Gasthaus ▲ Camping Ostrauer Mühle im Kirnitzschtal ▼ Einfacher Stellplatz Hafen Possen

Kleiner, sehr feiner Campingplatz oberhalb des Kirnitzschtales, terrassierte Stellflächen mit Strom, Wasser- und Abwasseranschluss, Sauna, Privatbad möglich, verschiedene Wanderwege ins Kirnitzschtal ab 15 Min., Entfernung nach Bad Schandau 5 km, Reservierung dringend empfohlen, ganzjährig geöffnet

WOHNMOBILPARKPLATZ HAFEN POSSEN

ADRESSE: Talstraße, 01814 Porschdorf,
GPS: 50°55'42.7"N 14°07'02.1"E 50.928530, 14.117258
Einfacher Stellplatz mit Blick auf die Elbe, keine Ver- und Entsorgung, ruhig gelegen, Anlegestelle der Sächsischen Dampfschifffahrt in 3 Min. erreichbar, Entfernung nach Bad Schandau 3 km

CAMPINGPLÄTZE KÖNIGSTEIN UND AM TREIDLERWEG

ADRESSE: Am Alten Sägewerk 1, 01824 Königstein, Tel. 035021/682 24, camping.koenigstein.de; Am Alten Sägewerk 4, 01824 Königstein, Tel. 035021/990 82 11, treidlercamping.de
GPS: 50°55'18.6"N 14°05'16.0"E 50.921824, 14.087775
50°55'31.0"N 14°05'35.5"E 50.925276, 14.093189
Die zwei Campingplätze sind eine gute Ausgangsbasis, um Bad Schandau zu besuchen, Entfernung nach Bad Schandau 5 km, beide Plätze ganzjährig geöffnet, siehe auch Tour 8

IM SÄCHSISCH-BÖHMISCHEN GRENZGEBIET

Schmilka und Hřensko

Das Prebischtor ist die größte Sandsteinfelsbrücke Europas.

Der kleine, nur 75 Einwohner zählende Grenzort Schmilka hat sich zum schmucken Biodorf entwickelt. Der Nachbarort im Böhmischen ist Hřensko. Von hier starten die Wanderer zum Prebischtor und zur Bootsfahrt auf der Kamnitzklamm. Beide Ziele sind die Highlights in der grenznahen Böhmischen Schweiz.

Schmilka ist ein reizender Ort und die unten beschriebenen Ausflüge in die Böhmische Schweiz sind so einzigartig, dass sie unbedingt in diesem Reiseführer beschrieben werden sollten. Leider hat Schmilka keinen Campingplatz und auch keinen vernünftigen Wohnmobilstellplatz zu bieten. Es bleibt also nur, die Touren von einem anderen Camping- oder Stellplatz aus zu starten, was ja problemlos möglich ist, oder auf den recht einfachen Campingplatz in Mezní Louka auszuweichen. Bei Letzterem sollte auf alle Fälle vor der Anreise nachgefragt werden, ob er geöffnet hat.

LIEBLICHES BIODORF

Der letzte rechtselbige Ort in der Sächsischen Schweiz war bis zum Beitritt der Tschechischen Republik zur EU 2004 ein typischer Grenzort an der EU-Außengrenze. Kilometerlange Autoschlangen stauten sich auf der Straße durch den Ort bis zur Grenzabfertigung, die meisten Besucher von Hřensko waren Schnäppchenjäger, die es nur zu den Grenzmärkten zog. Nach der politischen Wende verließen viele der jüngeren Dorfbewohner den Ort, die Einwohnerzahl sank, die wenigen Einwohner wurden immer älter. Dann kam das verheerende Hochwasser von 2002. Viele Häuser wurden stark beschädigt und standen zum Verkauf, niemand glaubte an eine Zukunft für Schmilka, außer Sven-Erik Hitzer. Der gebürtige Cottbusser hatte sich schon als Jugendlicher für die Gegend begeistert. Nach der Wende kaufte er ein altes Ferienhaus und begann 1993 Schmilka zu beleben. Er hatte eine Vision für den kleinen Ort, in dem damals noch alte graue Häuser und baufällige Garagen auf schiefen Betonplatten das Dorfbild bestimmten. Kopfkino nannte er es selbst, und er hat seine Vision umgesetzt. Auch von den nachfolgenden Hochwasserkatastrophen 2006, 2010 und 2013 ließ er sich nicht in die Knie zwingen. Das von ihm 2008 übernommene Hotel Helvetica, das er zum ersten zertifizierten Biohotel Sachsens gestaltete, nahm 2013 besonders großen Schaden. Ebenso standen mehrere seiner

10

rekonstruierten Dorfhäuser unter Wasser, selbst ein Teil seines Personals konnte sich nicht vorstellen, wie es weitergehen sollte, und verließ das Unternehmen. Aber Sven-Erik Hitzer hat mit seinem Team das fast Unmögliche geschafft. Er hat Schmilka zu einem lieblichen Biodorf, einem Biorefugium gemacht. Die hübschen renovierten Fachwerkhäuser drängen sich den Mühlberg hinauf. Hier steht die alte **Schmilk'sche Mühle**, die von einem Wasserrad wie anno 1665 angetrieben wird. Daneben der Mühlenhof, die Biobäckerei, die Bio-Braumanufaktur, das Badehaus, die Gaststätte und der Freiluftimbiss. Hier schlägt das Herz des Biodorfes, und als Besucher spürt man sofort den Charme, die Romantik und die Beschaulichkeit dieses kleinen Ortes. Selbst im Winter verwandelt sich das Areal um die Mühle in ein einzigartiges Wintermärchen. Laternen und Feuerstellen schaffen eine stimmungsvolle Atmosphäre und in der Mühlenstube gibt es deftige Speisen und dunkles Bio-Bier. Schmilka ist wohltuend anders und irgendwie auch einzigartig.

◀ Vom frisch gemahlenen Mehl … ▶ … bis zum leckeren Kuchen ist alles Bio.

▲ Fähre vom S-Bahnhof Schmilka-Hirschmühle nach Schmilka ◀ Über den Mühlberg zur Schmilk'schen Mühle ▶ Beschauliche Einkehr in Schmilka

Tipp

In Schmilka ist nicht nur fast alles Bio, vieles wird auch mit traditioneller Handwerkskunst wie vor Hunderten von Jahren hergestellt. Einen tieferen Einblick in die Wassermühle, die Back- und Braumanufaktur oder in die wechselvolle Geschichte des Ortes kann man bei amüsanten Führungen gewinnen. Eine Reservierung wird empfohlen unter Tel. 035022/91 30 (schmilka.de).

EUROPAS GRÖSSTE SANDSTEIN-FELSBRÜCKE

Das zu **Hřensko** gehörende **Prebischtor** liegt zwischen den Ortschaften Hřensko und **Mezní Louka**. Diese zwei Orte sind auch die Ausgangspunkte für Wanderungen zu dieser großartigen Naturformation, einem der berühmtesten Ausflugs- und Wanderziele im Elbsandsteingebirge. Das Felstor war der End- und Höhepunkt des historischen Fremdenweges, der ab etwa 1790 das Gebirge für Wanderer zugänglich gemacht hat. Bis 1800 hieß die Felsbrücke schlicht »Das große Thor«, wurde dann aber nach dem Einsiedler Prebisch, der hier gelebt haben soll, umbenannt. Mit

Hotel Labe im Zentrum von Hřensko

einer Spannweite von 26,5 Metern und einer lichten Höhe von 16 Metern ist es das größte natürliche Sandstein-Felstor Europas. Fast schon filigran wirkt es an seiner schmalsten Stelle. Hier ist der Torbogen nur drei Meter dick und sieben Meter breit. Irgendwann in ferner Zukunft wird das Tor wahrscheinlich durch die fortschreitende Erosion des weichen Sandsteines einstürzen. Zum Schutz dieser Naturattraktion, die schon mehrere Millionen Touristen besichtigt haben, wurde 1983 das Betreten des Torbogens verboten. Das war eine richtige Entscheidung und mindert keinesfalls den sensationellen Anblick, den man von unten oder vom gegenüberliegenden Aussichtspunkt auf dem Kreuzstein auf das gewaltige Tor hat.
Schon 1826 konnten die Besucher des Prebischtors in einer einfachen Gastwirtschaft einkehren. Diese wurde 1881 durch Fürst Edmund von Clary-Aldringen durch das Hotel »Falkennest« mit damals 50 Betten ersetzt. Das hübsche Holzhaus, welches sich gut in die Landschaft einfügt, dient heute noch als Gaststätte und Informationszentrum. Neben Malern und Musikern ließ sich auch der dänische Märchenschriftsteller Hans Christian Andersen von der besonderen Atmosphäre beeindrucken. Er schrieb hier einen Teil der »Schneekönigin«. Das ganze Gelände um das Prebischtor ist in Privatbesitz, es wird ein kleines Eintrittsgeld verlangt.

10

DEN AUSGANGSPUNKT HŘENSKO erreicht man von den sächsischen Campingplätzen mit der S-Bahn bis Schöna, dort setzt man dann mit der Elbfähre über. Ab Bad Schandau verkehrt auch das Wanderschiff bis Hřensko und der Nationalparkexpress fährt von Königstein nach Mezní Louka, mit Haltestellen in Hřensko und am Abzweig zum Prebischtor. Ab Hřensko gibt es auch Busverbindungen nach Mezní Louka. Mit den zwei letztgenannten Buslinien kommt man gut bis zum Abzweig des Wanderweges zum Prebischtor, sonst muss man ab Hřensko knapp drei Kilometer an der Straße entlang bis zum Beginn des Wanderweges laufen. Der mit einem roten Querstrich gekennzeichnete Aufstieg führt über Serpentinen zum Prebischtor. Von dort kann man dann über den Gabrielensteig direkt nach Mezní Louka wandern und dann den Bus zurück nach Hřensko nehmen oder man verlängert die Wanderung als Rundtour durch die Wilde und Stille Klamm bis nach Hřensko (Ganztagestour mit 16 bis 18 Kilometern Länge, je nach Startpunkt). Wählt man Mezní Louka als Ausgangspunkt der Wanderung zum Prebischtor, dann bietet es sich an, mit dem Wohnmobil in Mezní Louka zu parken oder man erreicht Mezní Louka mit den zwei oben beschriebenen Buslinien.

◀ Wanderweg zum Prebischtor ▶ Das ehemalige Hotel Falkennest am Prebischtor

10

DURCH DEN ROMANTISCHEN CANYON

Die **Kamnitzklamm** ist eine Felsschlucht, welche vom gleichnamigen Flüsschen durchflossen wird. Sie ist ursprünglich und eng, an manchen Stellen fehlt sogar der Platz für den Pfad, der dann als künstlicher Wandersteg oder mit kleinen Tunneln geschaffen wurde. Im unteren Bereich wurde die Kamnitz (Kamenice) zweimal angestaut, um genügend Wasser für die Flößerei zu haben. 1889 ließ Fürst Edmund Clary-Aldringen, der sich sehr um die Erschließung der Gegend verdient gemacht hat, den Weg durch die Klamm anlegen. 17 000 Gulden ließ er sich das Vorhaben kosten. 1890 konnten schon die ersten Besucher mit Booten über die **Stille Klamm**, die zu Ehren des Fürsten auch **Edmundsklamm** genannt wird, fahren. Neun Jahre später war auch die obere **Wilde Klamm** befahrbar. Spätestens ab diesem Zeitpunkt gehört eine Wanderung durch diesen Canyon zu den schönsten Erlebnissen in der Böhmischen Schweiz. Die Flora ist für diese Höhe ungewöhnlich. In den tiefen Schluchten sammelt sich kalte und feuchte Luft, sodass hier submontane und montane kälteliebende Pflanzenarten wie das Zweiblütige Veilchen, der Siebenstern und verschiedene Moos- und Farnarten, gedeihen. Mit etwas Glück kann man Gebirgsstelzen, Wasseramseln, Zaunkönige und sogar Eisvögel beobachten und im Fluss sind Äschen, seit einigen Jahren auch wieder Lachse und einige Fischotter heimisch. Die Wiederansiedlung der Lachse in der Kamnitz war ein großer Erfolg des tschechischen Anglerverbandes. Durch die Verunreinigung der Flüsse und den Bau von Wehren und Staumauern war der Lachs im Gebiet der Tschechischen Republik praktisch ausgestorben. Ab 1998 wurden junge Lachse in der Kamnitz ausgesetzt. Gleichzeitig wurden, wo notwendig, Fischtreppen gebaut. Ab 2002 kehrten die ersten Lachse nach ihrer langen Reise vom offenen Meer in die Kamnitz zurück.

Eine Wanderung durch die Kamnitzklamm kann man in Hřensko und auch in Mezní Louka beginnen, die Boote fahren in beide Richtungen. Wichtig ist, sich vorher zu informieren, ob und wie lange die Boote auf der Wilden Klamm und der Edmundsklamm fahren. Es gibt keine Alternative zur Bootsfahrt, also keinen parallelen Wanderweg. Wenn der Bootsbetrieb eingestellt ist, dann muss man zum Ausgangspunkt zurück.

Nachfolgend wird die Wanderung durch die Kamnitzklamm ab Mezní Louka beschrieben.

Die Wanderung durch die Kamnitzklamm zählt zu den schönsten Erlebnissen.

AB MEZNÍ LOUKA nimmt man am Hotel den blau gekennzeichneten Wanderweg talwärts. Nach etwa zwei Kilometern zweigt rechts der gelb gekennzeichnete Wanderweg durch den Soorgrund ab. Dann geht es an der Kamnitz entlang bis zum Bootseinstieg. Etwa 15 Minuten dauert die Bootsfahrt durch die Wilde Klamm. Nach 30 Gehminuten erreicht man die doppelt so lange Edmundsklamm, die natürlich auch nur mit dem Boot zu passieren ist. Die Felswände ragen bis zu 150 Meter fast senkrecht auf und die Ruhe wird nur durch das Öffnen eines kleinen Wasserfalls durch den Bootsführer unterbrochen. Nach der Bootsfahrt sind es noch zwei Kilometer auf angenehmem Weg bis nach Hřensko.

Es ist auch gut möglich, die Wanderung durch die Kamnitzklamm und zum Prebischtor auf zwei Tage aufzuteilen. Das bietet sich an, wenn man den Campingplatz in Mezní Louka nutzt. Die Rückfahrt unternimmt man dann jeweils mit dem Bus ab Hřensko nach Mezní Louka.

AUF EINEN BLICK

Info

STADT/REGION: Schmilka, Hřensko, Mezní Louka/ Sächsische und Böhmische Schweiz
BESTE REISEZEIT: April bis Oktober, Schmilka ganzjährig
OPTIMALE REISEDAUER: 1–2 Tage
TOURISTINFO: Touristservice im Haus des Gastes Bad Schandau, Markt 12, Tel. 035022/900 30, bad-schandau.de; Touristeninformation Herrnskretschen, Hřensko 71, Tel. +420/412/52 83 44, herrnskretschen.de

SEHENSWÜRDIGKEITEN

BIO-REFUGIUM SCHMILKA: schmilka.de
HŘENSKO: cz-boehmen.de
PREBISCHTOR: pbrana.cz
KAMNITZKLAMM: ceskesvycarsko.cz

Rezeption für Campingplatz und Hotel

Der einfache Campingplatz bietet auch Stellplätze für Wohnmobile.

CAMPINGPLATZ MEZNÍ LOUKA/RAINWIESE

ADRESSE: Mezní Louka 84, 407 17 Hřensko, Tel. +420/412/55 40 90, ceskesvycarsko.cz

GPS: 50°52'24.7"N 14°19'06.9"E   50.873513, 14.318589

Stellmöglichkeit für Wohnmobile auf einem Platz mit Campinghütten, Stromanschlüsse vorhanden, sehr einfach, guter Ausgangspunkt für Wanderungen zum Prebischtor und zur Kamnitzklamm, vor Anreise unbedingt die Öffnungszeiten und die Verfügbarkeit erfragen bzw. reservieren

PARKPLATZ MEZNÍ LOUKA

ADRESSE: Einfahrt vor Hotel Mezní Louka, hrensko.cz

GPS: 50°52'21.0"N 14°18'58.6"E   50.8725014, 14.3162800

Alternative zum gegenüberliegenden Campingplatz, Parkplatz mit der Möglichkeit zum Übernachten, tagsüber belebt, abends und nachts ruhig

CAMPINGPLÄTZE IN KÖNIGSTEIN ODER BAD SCHANDAU

ADRESSE: Adress- und Kontaktdaten siehe Touren 8 und 9

Anfahrt von den deutschen Campingplätzen mit S-Bahn und Fähre, Bus oder auf dem Radweg, Entfernung vom Camping Königstein bis Schmilka 12 km, von der Ostrauer Mühle über Bad Schandau bis Schmilka 10 km

FAMILIENFREUNDLICHER URLAUBSORT

Hinterhermsdorf hat viel zu bieten

Hinterhermsdorf – idyllisch gelegen zwischen Wäldern und Wiesen

11

Nicht zufällig wurde Hinterhermsdorf als »Schönstes Dorf Sachsens« ausgezeichnet. Der Ort mit seinen denkmalgeschützten Umgebindehäusern liegt idyllisch in der hinteren und damit etwas ruhigeren Sächsischen Schweiz. Die Ausflugsmöglichkeiten sind vielfältig und lassen keine Langeweile aufkommen.

In der hinteren Sächsischen Schweiz, fast komplett eingerahmt von Tschechien, liegt auf 320 bis 400 Metern Höhe das kleine **Waldhufendorf Hinterhermsdorf**. Es ist nicht nur die höchstgelegene Gemeinde der Sächsischen Schweiz, sondern auch eine der schönsten. Neben der Auszeichnung zum »Schönsten Dorf Sachsens« im Jahre 2000 kam 2001 noch eine Goldmedaille als eines der schönsten Dörfer Deutschlands dazu. Schon die Anfahrt von Bad Schandau durch das immer enger werdende Kirnitzschtal, vorbei am Lichtenhainer Wasserfall, an alten Sägemühlen und historischen Gasthöfen, ist ein Erlebnis. Das Tal weitet sich dann und man fährt auf der einzigen Zufahrtsstraße in den Ort. Kurz vor dem Ortseingang liegt der familiengeführte und absolut empfehlenswerte Campingplatz »Thorwaldblick«.

DORFRUNDGANG HINTERHERMSDORF

Der Reiz des Ortes besteht neben seiner exponierten Lage inmitten von Feldern und Wäldern vor allem in der großen Dichte von original erhaltenen Umgebindehäusern. Diese Häuser bestehen aus einer äußeren Tragkonstruktion aus Holz, auf der das Obergeschoss oder das Dach aufliegt. Von den 71 erhaltenen Häusern aus dem 17. und 18. Jahrhundert stehen 61 unter Denkmalschutz. Der Heimatverein hat einen **heimatkundlichen Dorfrundgang** ausgewiesen. In einem etwa 2,5-stündigen Spaziergang kann man anhand von 30 sehr informativen Tafeln die Dorfgeschichte kennenlernen. Zum Dorfspaziergang und zu allen weiteren touristischen Möglichkeiten in und um Hinterhermsdorf kann man sich im »Haus des Gastes« beraten lassen. Dort bekommt man auch einen Plan für eine leichte Wanderung auf dem **Panoramaweg** rund um den Ort. Am besten unternimmt man diese Wanderung bei guter Sicht, denn neben verschiedenen Aussichtspunkten liegt auch der Aussichtsturm auf dem 478 Meter hohen **Weifberg** am Weg. Über 173 Stufen erreicht man die letzte Aussichtsplatt-

11

form in 32 Metern Höhe. Die Aussicht über die Sächsische und Böhmische Schweiz ist die Mühe des Aufstiegs auf alle Fälle wert. Auf dem Rückweg bietet sich noch der Besuch des Heimatmuseums »Waldarbeiterstube« an. Hier bekommt man einen Einblick in die Lebensverhältnisse einer Waldarbeiterfamilie Ende des 19. Jahrhunderts.

KAHNFAHRT AUF DER OBEREN SCHLEUSE

Eine Bootsfahrt in der wildromantischen **Kirnitzschklamm** zählt mit zu den beliebtesten Erlebnissen in der Sächsischen Schweiz. Der Gebirgs- und Grenzfluss Kirnitzsch entspringt im tschechischen Krásná Lípa und mündet nach 38 Kilometern bei Bad Schandau in die Elbe. Die Kirnitzsch wurde schon im 16. Jahrhundert für den Holztransport genutzt. Da das Flüsschen nicht genug Wasser für das Flößen der mächtigen Baumstämme führte, wurden zwei Schleusen angelegt. Im Jahre 1580 wurde die **Obere Schleuse** errichtet und die Kirnitzsch auf 700 Metern angestaut. Beim Öffnen der Schleuse ergoss sich ein Wasserschwall ins Tal

Gaststätte Buchenparkhalle – Ausgangspunkt zahlreicher Wanderungen

◀ Bootsstation an der Oberen Schleuse ▶ Entspannung pur bei einer Bootsfahrt

und ermöglichte so das Flößen der Baumstämme auf der Kirnitzsch bis zur Elbe. Auf dem Flößersteig entlang des Flusses, heute ein beliebter Wanderweg (siehe Tour 9), sorgten die Flößer dafür, dass sich die Baumstämme nicht verkeilten. Das war eine lebensgefährliche Arbeit. Einige Kilometer flussabwärts wurde die Kirnitzsch an der Niederen Schleuse ein zweites Mal gestaut. Bis ins Jahr 1964 wurde auf der Kirnitzsch noch geflößt, doch schon seit 1879 wird die Obere Schleuse für den Tourismus genutzt und es werden Kahnfahrten angeboten. Die Idee dazu hatte der Hinterhermsdorfer Oberförster Hermann Schlegel, der gemeinsam mit dem Vaterländischen Gebirgsverein Saxonia dieses Angebot umsetzte und das erste Boot, die Saxonia, aufs Wasser brachte. Bis heute kann man auf dem kühlen Bergsee eine märchenhafte Bootstour erleben. Fast lautlos und gemächlich langsam wird man vom Bootsführer durch die Klamm gefahren, vorbei an haushohen, moosüberzogenen Felsgebilden, in denen man mit etwas Fantasie wirklich Märchen- und Fabelwesen erkennt. So wacht ein Berggeist über dem Tal, andere Felsen ähneln einem Krokodil, einem Elefanten, einem schlafenden Schaf oder einem Pilz. Der Bootsführer vermittelt auf der etwa halbstündigen Fahrt viele nützliche Informationen und augenzwinkernd einige halbwahre Episoden. An der Staumauer der Oberen Schleuse endet die kleine Bootsfahrt. Hier hat das angestaute Wasser eine Tiefe von sieben Metern.

Eingang Buchenparkhalle zum Bildungs- und Erlebnisbereich Waldhusche

DIE OBERE SCHLEUSE erreicht man ab Hinterhermsdorf auf einer leichten Wanderung. Start ist an der Buchenparkhalle. Der Weg zur Oberen Schleuse ist mit blauer Markierung gut ausgewiesen. Der anfangs bequeme Wanderweg geht ab dem Abzweig teils recht steil hinab ins Tal der Kirnitzsch. Man überquert noch eine kleine Forststraße und weiter geht es über Stufen, vorbei an der Dachshöhle, zur Bootsstation Obere Schleuse. Hier bietet auch ein kleiner Imbissstand Speisen und Getränke zur Verkürzung der Wartezeit auf den nächsten Kahn an. Die Bootsfahrt ist ein Erlebnis der ganz besonderen Art, aber auch wenn der Bootsbetrieb eingestellt wurde, gibt es eine Alternative. Oberhalb der Klamm windet sich der Flößersteig durch die Felsen. Auf diesem Weg erreicht man die Staumauer ebenso. Ab hier folgen wir der roten Markierung. Zur Felsschlucht Herrmannseck gibt es zwei Wege, der erste führt einfach über viele Treppen nach oben, der zweite windet sich eng und steil über Stahlstufen durch eine Felsspalte. Oben angekommen geht es recht bequem weiter. Man folgt immer den Wegweisern zum Parkplatz Buchenparkhalle und erreicht über den Schleusenhornweg, den Wettinplatz und den Hohweg den Ausgangspunkt der Wanderung. Hier ist auch der Haupteingang zur Waldhusche.

11

BILDUNGS- UND ERLEBNISBEREICH WALDHUSCHE

Beim Wandern durch den Nationalpark stellt man fest, dass der Wald zunehmend verwildert. Abgestorbene Bäume werden nicht entfernt und vieles wird sich selbst überlassen. Genau dies ist aber eine der wichtigsten Philosophien der Nationalparkverwaltung. Der Wald soll zu sich selbst zurückfinden. Das Verständnis dafür wird im 66 Hektar großen Gelände der **Waldhusche** gefördert, indem dieser Prozess und die trotzdem notwendige behutsame Waldbewirtschaftung genau beschrieben und dargestellt werden. Nicht nur Kinder haben auf den vier Erlebniswegen Spaß. Die über 40 Wissensstationen vermitteln für jedes Alter eine Vielzahl an Aha-Erlebnissen am »lebenden Objekt«, dem Wald im Nationalpark. Wer noch mehr über die Waldentwicklung im Nationalpark erfahren möchte, der kann an einer kostenfreien Führung durch die Waldhusche teilnehmen (Anmeldung in der Touristinfo Hinterhermsdorf). Als idealer Rückweg nach der Wanderung zum Campingplatz empfiehlt sich der rot und blau ausgezeichnete Waldabenteuer- und Waldkundeweg durch die Waldhusche.

Kleines Prebischtor in der Böhmischen Schweiz nahe Mezní Louka

11

AN DER BUCHENPARKHALLE beginnt auch eine lohnenswerte Radtour durch den Nationalpark. Auf der Radroute 3030 radelt man auf gut befestigten Wegen bergab bis zur Kirnitzsch. Hier biegt man nach links ab und an der nächsten Gabelung ist der Radweg 3030 wieder nach rechts ausgeschildert. So erreicht man den Grenzübergang nach Tschechien. Gleich nach der Brücke gibt es einen Rastplatz. Der Radweg führt jetzt nach rechts in Richtung Mezní Louka. Die geteerte Waldstraße lässt sich anfangs gut fahren, dann kommt eine starke Steigung, übrigens die einzige wirkliche Herausforderung auf der Tour. Oben angekommen steht man auf einem Platz. Rechts geht es bergab nach Mezní Louka, nach links ist das kleine Prebischtor in 500 Metern ausgewiesen. Der kleine Abstecher lohnt sich. Danach fährt man fast nur noch bergab nach Mezní Louka und weiter nach Hřensko. Ab hier geht es auf dem Elberadweg über Schmilka nach Bad Schandau und dann durch das Kirnitzschtal zurück nach Hinterhermsdorf (Gesamtstrecke ca. 45 km).

Der Gasthof zur Hoffnung Hinterhermsdorf bietet leckere Hausspezialitäten.

Sebnitzer Markt mit der Kursächsischen Postmeilensäule

DIE SEIDENBLUMENSTADT SEBNITZ

Von Hinterhermsdorf aus bietet sich ein Ausflug nach **Sebnitz** an. Mit dem Bus ist es ganz bequem, die Haltestelle befindet sich direkt vor dem Campingplatz Thorwaldblick. Wer mit dem Wohnmobil nach Sebnitz kommt, der kann auf dem Parkplatz am Soli Vital oder bei der Forellenschänke parken und übernachten.

Sebnitz ist bekannt als Stadt der Kunstblumen. Handwerker aus Nordböhmen kamen ab 1834 in die Stadt oder verlagerten, aufgrund der hohen Zölle für böhmische Waren, ihre Produktion nach Sachsen. Die Kunstblumenproduktion entwickelte sich dann so dynamisch, dass zur Wende vom 19. zum 20. Jahrhundert bis zu 15 000 Menschen in über 200 Betrieben angestellt waren. Etwa 90 Prozent davon waren Heimarbeiter. Selbst 1990 waren noch 3000 Mitarbeiter in der Firma Kunstblume Sebnitz tätig. Heute wird die Tradition der Kunstblumenherstellung nur noch in bescheidenem Maße in der Manufaktur Deutsche Kunstblume Sebnitz bewahrt. Zwölf Mitarbeiterinnen beherrschen die Kunst der Blumenherstellung noch perfekt und zeigen dies in einer Schauwerkstatt. Man kann auch selbst blümeln oder die Kunstwerke im Werksverkauf bestaunen und erwerben.

Ausblick vom Weifbergturm Hinterhermsdorf

Im Haus Deutsche Kunstblume befindet sich auch die Touristinfo Sebnitz. Leider wird man dort noch bis Anfang 2023 die Auskunft bekommen, dass das sehenswerte Kunstblumen- und Heimatmuseum wie auch das daneben liegende Afrikahaus wegen umfassender Rekonstruktion geschlossen ist. Danach werden sie aber schöner und informativer sein als je zuvor. Bei einem Spaziergang über den großen Marktplatz und durch die umliegenden Straßen sieht man schöne Gründerzeithäuser und auch die für diese Gegend so typischen Umgebindehäuser. Der **Blümelpfad** führt durch die Stadt und informiert mit Informationstafeln über die vielen kleinen ehemaligen Blumenfabriken. Für Modelleisenbahnfreunde gibt es in der Langen Straße noch ein Highlight. Die Traditionsfirma Tillig Modellbahnen betreibt hier ein Modelleisenbahnmuseum mit Galerie und Verkauf.

11

Die Traditionsgaststätte »Zum Schmuggler« am Markt bietet sich, bei schönem Wetter auch im Außenbereich, für eine kleine Pause an. Neben deftiger Hausmannskost ist das selbst gebraute Sächsische Schmuggler-Bier eine Empfehlung. Es wird auch zum Mitnehmen angeboten. Unbedingt probieren! (Markt 10, tourismus.sebnitz.de)

Tipp

Nahe dem Grenzübergang von Sebnitz zum tschechischen Dolní Poustevna liegt der **Sebnitzer Urzeitpark**. Auf 10 000 Quadratmetern kann man über 400 Plastiken urzeitlicher Tiere hautnah bestaunen. Die Hauptattraktionen sind die lebensgroßen Nachbildungen von Dinosauriern, einer 15 Meter langen Riesenanakonda und einer Oktopus-Riesenkrake. Die Initiative für diesen Urzeitpark geht auf den genialen Bildhauer Franz Gruß zurück, der auch den Saurierpark in Kleinwelka bei Bautzen aufgebaut hat.

Im Sebnitzer Urzeitpark stehen lebensgroße Plastiken urzeitlicher Tiere.

AUF EINEN BLICK

Info

STADT/REGION: Hinterhermsdorf, Sebnitz/ Sächsische Schweiz
BESTE REISEZEIT: April bis Oktober
OPTIMALE REISEDAUER: 2–3 Tage
TOURISTINFO: Touristinfo Hinterhermsdorf (im Haus des Gastes), Weifbergstraße 1, Tel. 035974/52 10, hinterhermsdorf.de; Touristinfo Sebnitz, Neustädter Weg 10, Tel. 035971/709 60, tourismus.sebnitz.de

SEHENSWÜRDIGKEITEN

HINTERHERMSDORF: Hinterhermsdorf.de
WALDHUSCHE: nationalpark-saechsische-schweiz.de
MANUFAKTUR DEUTSCHE KUNSTBLUME: Neustädter Weg 10, 01855 Sebnitz, Tel. 035971/531 81, deutsche-kunstblume-sebnitz.de
MODELLEISENBAHNMUSEUM: Lange Straße 58-60, 01855 Sebnitz, Tel. 035971/903 27, tillig.com
SEBNITZER URZEITPARK: Forstweg 14, 01855 Sebnitz, Tel. 035971/588 00, geöffnet Ostern bis Ende Oktober, sauriergarten.com

CAMPING THORWALDBLICK

ADRESSE: Schandauer Str. 37, 01855 Sebnitz-Hinterhermsdorf, Tel. 035974/506 48, thorwaldblick.de
GPS: 50°55'23.2"N 14°20'58.5"E 50.923098, 14.349576
Familiär geführter Campingplatz mit sehr sauberen Sanitäranlagen, freundlichen Betreibern, guten Ausflugsmöglichkeiten, Bushaltestelle nach Sebnitz und Bad Schandau direkt am Platz, Entfernung zur Ortsmitte von Hinterhermsdorf 500 m, zur Buchenparkhalle 1,5 km, geöffnet März bis Oktober

CAMPING ENDLER

ADRESSE: Martin-May-Straße 17, 01855 Sebnitz-Schönbach, Tel. 035971/572 95, urlaub-endler.de
GPS: 50°58'57.2"N 14°13'49.5"E 50.982556, 14.230417

◀ Der Campingplatz Thorwaldblick ▶ Typisches Umgebindehaus

Kleiner Campingplatz am Stadtrand von Sebnitz mit persönlicher Atmosphäre, Stellplätze auf einer weitläufigen Wiese, Sanitär einfach und sauber, kleiner Pool, Ver- und Entsorgung außer Chemietoilette, Entfernung nach Sebnitz 4 km, Busverbindung vorhanden, geöffnet je nach Wetterlage von Mai bis Oktober

Die folgenden Wohnmobilparkplätze werden von der Stadt Sebnitz angeboten. Es ist eine Übernachtung erlaubt, keine Ver- oder Entsorgung. Die Tagesgebühr beträgt 12 € bis 10 Uhr des Folgetages. Die Bezahlung erfolgt online oder bei den örtlichen Verkaufseinrichtungen.

PARKPLATZ HINTERHERMSDORF ORTSMITTE

ADRESSE: Saupsdorferstraße, 01855 Hinterhermsdorf, gegenüber dem Haus des Gastes
GPS: 50°55'33.2"N 14°21'31.7"E   50.925888, 14.358794
Ruhig gelegener Parkplatz in der Ortsmitte, gegenüber dem Haus des Gastes/Touristinfo

PARKPLATZ SEBNITZ SOLI VITAL

ADRESSE: Schandauer Str. 99, 01855 Sebnitz
GPS: 50°59'02.7"N 14°15'42.1"E   50.984069, 14.261706
Kleiner Parkplatz am Sport- und Freizeitzentrum

PARKPLATZ SEBNITZ FORELLENSCHÄNKE

ADRESSE: Mannsgrabenweg 12, 01855 Sebnitz
GPS: 50°58'25.0"N 14°17'35.3"E   50.973619, 14.293150
Stellplätze auf zwei Parkplätzen im Naherholungsgebiet, sehr ruhig, verschiedene Aktivitäten möglich, Gasthaus Forellenschänke gleich nebenan

UNTERWEGS IM GEBIET DER STEINE

Links der Elbe

Nord-West-Aussicht mit Wetterfahne auf dem Gohrisch

12

Die linkselbige Region von der Grenze zu Tschechien bis nach Pirna wird auch das Gebiet der Steine genannt. Hier gibt es über 100 Felsen, an denen man selbst klettern oder Kletterer beobachten kann. Aber auch für Wanderer hat die Gegend ihren Reiz und viele Touren beginnen direkt am Campingplatz.

Die Region links der Elbe ist für einen entspannten Urlaub wie geschaffen. Die weitläufige Landschaft bietet viel Platz für unbeschwerte Wanderungen und Ausflüge. Im Gegensatz zu den touristischen Hotspots der Sächsischen Schweiz herrscht hier noch eine gewisse Ruhe und Gelassenheit.

AUSGANGSPUNKT KURORT GOHRISCH

Der **Luftkurort Gohrisch** ist die älteste Sommerfrische in der Sächsischen Schweiz. Schon 1869 empfing der Gutsbesitzer Adelbert Hauffe die ersten Sommerurlauber auf seinem Gut. Die Gäste schätzten die ruhige, waldreiche und klimatisch ausgeglichene Lage des Ortes. Von da an ging es mit den Beherbergungszahlen im Ort stetig bergauf. Noch heute lebt der Ort, neben Landwirtschaft und etwas Handwerk, vorrangig vom Tourismus. Zu den zahlreichen Beherbergungsbetrieben des Ortes zählt auch der Caravan Camping Sächsische Schweiz. Dieser außerordentlich gut geführte Campingplatz ist aufgrund seiner Lage, aber vor allem wegen der familiären Atmosphäre, der Sauberkeit und des guten Services sehr beliebt. Im Kurort Gohrisch beginnen schöne Wanderungen zu den umliegenden »Steinen«. Einige Ausflugsziele werden nachfolgend vorgestellt.

◀ Wegweiser zum Gohrisch-Aufstieg ▶ Hofladen mit Café im Kurort Gohrisch

12

GOHRISCH

Der **Gohrisch** ist, was der Name schon vermuten lässt, der Hausberg der Ortschaft Gohrisch. Er liegt etwa zwei Kilometer südlich des Ortes inmitten einer Hochebene. 1496 wurde der »Gohrische Stein« erstmals urkundlich erwähnt. Sein Gipfelplateau ist stark zerklüftet, was einerseits den Bewohnern der umliegenden Orte einen guten Schutz vor den Schweden im Dreißigjährigen Krieg bot, andererseits aber eine touristische Erschließung erschwerte. Noch 1846, als der Fremdenverkehr auf den benachbarten Pfaffenstein und Papststein schon im vollen Gange war, stand im »Wegweiser durch die Sächsische Schweiz«, dass der Gohrischstein sehr schwer zu ersteigen sei. Erst mit der Entwicklung des Ortes Gohrisch zur Sommerfrische wurde auch der Berg zunehmend Ziel von Wanderern. 1886 machte man dann den Gipfel mit drei Aufstiegen für Wanderer zugänglich. Der Ostaufstieg führt direkt zum Pavillon auf dem Gipfelplateau. Der alte Aufstieg, auch Westaufstieg genannt, ist die bequemste Variante, und der Aufstieg durch die Falkenschlucht der anspruchsvollste Weg nach oben. An der beeindruckenden Nordwest-Aussicht steht die Wetterfahne. Auf dem Gohrisch gibt es keine Bergwirtschaft.

Panorama Gohrisch, Papststein und Papstdorf

Die Bergwirtschaft auf dem Papststein erwartet ihre Gäste.

PAPSTSTEIN

In unmittelbarer Nähe zum Gohrisch erhebt sich der Papststein aus der Ebene. Er kann gut in einer Wanderung zusammen mit dem Gohrisch bestiegen werden. Der Westaufstieg führt ganz bequem auf Stufen zur Berggaststätte auf dem Gipfel. Vom Papststein hat man ähnlich gute Ausblicke wie vom Gohrisch. Von verschiedenen Aussichtspunkten schweift der Blick über den Quirl, den Königstein und den Lilienstein nach Osten zum Falkenstein, zum Schrammsteinmassiv und zum Großen Winterberg. Von diesem Ausblick war auch der sächsische Prinz und spätere König Friedrich August begeistert, als er 1830 den Papststein erstieg und damit das Interesse an dem aussichtsreichen Berg begründete. Über den Ostaufstieg kann man den Gipfel wieder verlassen und auf dem Malerweg ins Tal wandern. Der Weinleitenweg führt am Fuß des Papststeins um den Berg herum zum Ausgangspunkt. Hier ist auch noch die 30 Meter breite Schneise zu sehen, die der große Felssturz von 1972 in den Wald gerissen hat. Damals ist eine 15 Meter hohe, 12 Meter breite und 8 Meter tiefe Wand vom Papststein abgerissen und in die Tiefe gestürzt.

◀ Felsnadel Barbarine am Pfaffenstein ▶ Aufstieg zum Gohrisch

Tipp

Die Berggaststätte auf dem Papststein ist eine Empfehlung wert. Hier erwarten den Wanderer eine fantastische Rundumsicht, einfallsreiche Speisen, gepflegte Getränke und eine freundliche Bedienung. Der Sonnenuntergang und die Aussicht bei Dunkelheit auf die umliegenden »Spielzeugdörfer« ist fantastisch und der Westabstieg über die beleuchteten Treppen ist auch bei Dunkelheit einfach und sicher (berggast.de).

PFAFFENSTEIN UND BARBARINE

Der **Pfaffenstein** zählt zu den interessantesten Bergen in der Sächsischen Schweiz. Bei archäologischen Ausgrabungen auf dem Gipfelplateau fand man stein- und bronzezeitliche Werkzeuge, Keramikreste und Schmuckstücke, die den Schluss zuließen, dass der Berg schon vor mehr als 3000 Jahren besiedelt war. Er ist von Klüften und Schluchten zerrissen wie kaum ein anderer Tafelberg. An zwei Stellen gibt es eiszeitliche Lehmdecken, die das Regenwasser gehalten haben und damit die Lebensgrundlage für eine Besiedlung bildeten. Um ihn herum gruppieren sich frei stehende Felsen. Der berühmteste ist die knapp 43 Meter hohe Felsnadel **Barbarine**, der Legende nach eine versteinerte Jungfrau. Der Pfaffenstein und die ihn umgebenden Felsen sind ein bedeutendes Klettergebiet in der Sächsischen Schweiz. Einzig die Barbarine, erstmals 1905 bestiegen, ist seit 1975 für Kletterer gesperrt. Der obere Gipfelkopf drohte nach Blitzschlägen und fortschreitender Erosion abzustürzen. Mehrfach haben Bergsteiger die Barbarine stabilisiert, sodass sie hoffentlich noch lange als ein Wahrzeichen der Sächsischen Schweiz erhalten bleibt. Die touristische Erschließung des Pfaffensteins begann Mitte des 19. Jahrhunderts. Ab 1852 wurde eine einfache Sommerwirtschaft betrieben. Das erste massive Fachwerkhaus mit einer Ganzjahresbewirtschaftung wurde 1891 erbaut und in den Folgejahren mehrfach erweitert, drei Jahre später kam ein hölzerner Aussichtsturm dazu. Die historische Berggaststätte Pfaffenstein mit dem später massiv errichteten Turm ist bis heute ein geschätztes Wanderziel. Das Bergplateau bietet neben dem Blick auf die Barbarine noch weitere großartige Aussichtspunkte. An der Ostseite liegt auf einer Terrasse die **Goldschmidthöhle**. Dort versteckte sich der Geldfälscher Goldschmidt nach seiner Flucht aus dem Gefängnis der Festung Königstein.

Für den Aufstieg auf den Berg gibt es drei Wege. Der älteste und bequemste Weg ist der Westaufstieg. Er führt rechts am Jäckelfels vorbei. Der Klammweg passiert den Jäckelfels links und erreicht das Felsplateau nahe der Bergwirtschaft. Der dritte Weg ist der kürzeste, aber anstrengendste. Von Norden geht es über 570 Stufen und später eiserne Leitern durch das Nadelöhr zum Gipfel.

Wanderweg im Gebiet der Steine

12

QUIRL

Gegenüber seinen großen Nachbarn Pfaffenstein und Königstein wirkt das Felsmassiv **Quirl** recht bescheiden, hat aber doch einiges an Superlativen zu bieten. Da wären die 14 Höhlen, darunter die **Diebeshöhle** (Diebeskeller) als größte Schichtfugenhöhle der Sächsischen Schweiz. Der Quirl besitzt von allen Tafelbergen die größte geschlossene Gipfelfläche, es wurde sogar etwas Landwirtschaft auf dem Berg betrieben, und er hatte wegen seiner Nähe zur Festung Königstein eine strategische Bedeutung. Ab 1865 wurde die Landwirtschaft eingestellt und der Berg gesperrt. Selbst der alte Weg zum Gipfel wurde 1866 gesprengt, damit die preußischen Truppen dort keine Geschütze in Stellung bringen konnten. Die **Quirlpromenade** führt als Teil des Malerweges um den Quirl herum. Der Aufstieg ist nicht sehr anstrengend, an der Südostseite führt der denkmalgeschützte Kanonenweg zum Gipfel, an der Nordwestseite geht es über den mit rotem Punkt markierten Wanderweg nach oben, und in der Nähe des Diebeskellers an der Nordseite gibt es unmarkierte Aufstiege.

Caravan Camping Sächsische Schweiz punktet mit beheiztem Schwimmbad.

AUF EINEN BLICK

Info

STADT/REGION: Gohrisch, Gebiet der Steine/ Sächsische Schweiz
BESTE REISEZEIT: Ganzjährig
OPTIMALE REISEDAUER: 2 Tage
TOURISTINFO: Touristinfo Gohrisch, Neue Hauptstraße 116b, Tel. 035021/661 66, gohrisch.de

SEHENSWÜRDIGKEITEN

LUFTKURORT GOHRISCH: entdecke-sachsen.de
GOHRISCH, PAPSTSTEIN, PFAFFENSTEIN, QUIRL: saechsische-schweiz-touristik.de

CARAVAN CAMPING SÄCHSISCHE SCHWEIZ

ADRESSE: Dorfplatz 181D, 01824 Gohrisch, Tel. 035021/591 07, caravan-camping-saechsischeschweiz.de
GPS: 50°54′52.0″N 14°06′26.8″E 50.914455, 14.107447
Sehr empfehlenswerter, familiär geführter Campingplatz in ruhiger Umgebung, saubere, moderne Sanitäranlagen, beheiztes Schwimmbad (April bis Oktober), Restaurant, Fahrradshuttle von Königstein oder Bad Schandau zum Platz, ganzjährig geöffnet

CAMPINGPLATZ NIKOLSDORFER BERG

ADRESSE: Nikolsdorfer Berg 7, 01824 Königstein/OT Leupoldishain, Tel. 035021/991 44, cbm-camping.de
GPS: 50°54′16.1″N 14°02′19.2″E 50.904473, 14.038653
Etwas abseits gelegener Campingplatz in ruhiger Umgebung, ordentliche Sanitäranlagen, guter Ausgangspunkt für Wanderungen, Anfahrt zu den beschriebenen Ausflugszielen mit dem Rad problemlos möglich, geöffnet April bis Oktober

Campingplatz Nikolsdorfer Berg

DIE SCHÖNHEIT WEIT IM OSTEN

Görlitz, eine filmreife Stadt

Weißer Sandstrand am Berzdorfer See, einem ehemaligen Kohletagebau

13

Mit über 4000 Einzeldenkmälern gilt Görlitz als das größte Flächendenkmal Deutschlands. Große Bereiche der Stadt sind liebevoll saniert und ziehen immer mehr Touristen in ihren Bann. Auch die Filmindustrie hat Görlitz entdeckt. Für das Umland sollte man sich ebenfalls etwas Zeit nehmen, es lohnt sich!

Obwohl **Görlitz** nicht so richtig zum Titel dieses Buches passt, war es mir eine Herzensangelegenheit, diese schöne Stadt in diesem kleinen Reiseführer mit vorzustellen. Görlitz-Besucher sind von der architektonischen Vielfalt der Stadt regelrecht überwältigt. Das historische Stadtbild zählt zu den am besten erhaltenen in Mitteleuropa. Besonders in der Zeit nach 1990 wurde mit vielen Fördermaßnahmen und mit ebenso viel privatem Engagement die gefährdete Bausubstanz liebevoll restauriert. Die Stadt ist heute großartiger denn je und zählt zu den schönsten Städten unseres Landes, für viele Besucher ist es sogar die schönste Stadt Deutschlands. Der einstige Reichtum der Stadt geht auf die »Via Regia«, den Handels- und Pilgerweg von Moskau und Kiew bis nach Brügge und weiter an die spanische Atlantikküste, zurück. Später beeinflusste die Zugehörigkeit zum Oberlausitzer Sechsstädtebund die Entwicklung von Görlitz maßgeblich. Viele Reisende machten hier Station, und so entwickelte sich die Stadt zu einem geschäftigen und zunehmend wohlhabenden Handelszentrum. Im Zweiten Weltkrieg wurde Görlitz kaum beschädigt und auch die Pläne der DDR-Regierung, die zum Teil baufälligen Gebäude der Altstadt abzureißen, wurden durch die politische Wende verhindert. 1998 hat sich Görlitz, gemeinsam mit dem östlich der Neiße liegenden polnischen Stadtteil Zgorzelec, zur Europastadt erklärt.

STADTSPAZIERGANG IN DER ALTSTADT

Als Startpunkt für einen Altstadtrundgang zu den wesentlichsten Sehenswürdigkeiten empfiehlt sich der **Postplatz**. Hier und am benachbarten Demianiplatz befinden sich auch die Haltestellen der Straßenbahnen und der Stadtbusse. Der Postplatz zählt mit den ihn umgebenden Gebäuden zu den schönsten Plätzen der Stadt. Hier steht das alte Postamt und gegenüber das heutige Land- und Amtsgericht. An der Nordseite des Platzes ließ der Görlitzer Kaufmann Eduard Schultze ab 1863 das bis heute

13

eindrucksvollste Bauwerk des Platzes, ein in dieser Dimension für Görlitz ungewöhnlich großes Gebäude im spätklassizistischen Stil, errichten. Hier befand sich früher das Victoria-Hotel. In der Mitte des Platzes steht ein prachtvoller künstlerischer Brunnen, im Volksmund »Muschelminna« genannt. In nördlicher Richtung liegt die spätgotische Frauenkirche und daneben ein weiteres monumentales Gebäude, das einzige in Deutschland erhaltene **Großkaufhaus** aus der Zeit vor dem Ersten Weltkrieg. Das Kaufhaus wurde 1913 in nur neun Monaten als Stahlskelettbau mit einer Jugendstilfassade in Anlehnung an das Berliner Kaufhaus Wertheim errichtet. Eindrucksvollstes Detail ist der imposante Lichthof mit seiner im Jugendstil bemalten Glaskuppel. Das Kaufhaus ist seit 2009 geschlossen, eine Wiedereröffnung mit neuem Konzept ist geplant. Bekannt wurde das Gebäude auch als Kulisse für den mit vier Oscars ausgezeichneten Film »Grand Budapest Hotel«.

◀ Postplatz mit »Muschelminna« ▶ Der Frauenturm war Teil der Stadtbefestigung.

Der Lichthof des Großkaufhauses war schon Drehort mehrerer Filme.

Tipp

Görlitz ist mit seiner historischen Architektur ein beliebter Drehort für verschiedenste Filmproduktionen, auch Hollywood nutzt die Stadt häufig als Kulisse. Eine ganz spezielle Stadtrundfahrt hat die berühmtesten Drehorte und viele interessante Episoden und Infos zu »Görliwood« im Programm. Abfahrt mehrmals täglich auf dem Obermarkt 5 (goerlitzentdecken.de).

Wenige Schritte weiter dominiert der **Frauenturm** den Marienplatz. Es ist der massivste Turm der alten Stadtbefestigung. Wegen seiner Mauerstärke von bis zu 5,3 Metern auch als »Dicker Turm« bezeichnet, ist er, neben dem Nikolaiturm und dem Reichenbacher Turm, einer der drei noch erhaltenen Wehrtürme der Stadt. Bei einer thematischen Turmführung kann man diese Wehrtürme und auch den Rathausturm besteigen und besichtigen. Vom Marienplatz erreicht man über den Demianiplatz oder über die Steinstraße den **Obermarkt**. Auch dieser Platz beeindruckt aufgrund seiner Dimension und seiner mittelalterlichen Bebauung, wenngleich der große Parkplatz auf dem Obermarkt den historischen Eindruck etwas stört. Der Obermarkt wurde um 1240 angelegt und bildete mit den umliegenden Gassen, die übrigens auch heute noch einen Besuch wert sind, die damalige Neustadt. Im Jahre 1717 wurden bei einem verheerenden Stadtbrand große Teile des Obermarktes zerstört. Das ist auch der Grund dafür, dass die ältesten Häuser an der West- und Nordseite ab 1717 errichtet wurden. Eines der

◀ Görlitzer Rathaustreppe mit Justitia ▶ Schlesisches Museum im Schönhof

schönsten Häuser am Obermarkt ist das sogenannte **Napoleonhaus**. Der Name geht zurück auf das Jahr 1813, als Napoleon am 20. August vom Balkon im ersten Stock die Parade seiner Truppen abgenommen hat. Das Haus gilt dank seiner prunkvollen Fassade mit dem geschwungenen Balkon, den reich verzierten Fenstergiebeln und dem Figurenschmuck als der bedeutendste Barockbau auf dem Obermarkt. Einige Häuser weiter steht man vor der Görlitzer Touristinfo, sie ist immer die erste Adresse und Beratungsstelle für alle Fragen und Aktivitäten in und um Görlitz. Hier beginnen auch die empfehlenswerten Stadtführungen. Am östlichen Ende des Obermarktes, gegenüber der Touristinfo, steht die evangelische Dreifaltigkeitskirche mit ihrem ausgesprochen schlanken Kirchturm.
Durch die Brüderstraße erreicht man das Rathaus mit der geschwungenen Rathaustreppe, der Verkündigungskanzel und dem Standbild der Justitia. Direkt gegenüber befindet sich eines der schönsten Häuser von Görlitz, der **Schönhof**. Er steht an exponierter Lage zwischen der Brüderstraße und dem Untermarkt, direkt an der ehemaligen Handelsstraße »Via Regia«. Die Erker des Hauses wurden so gestaltet, dass sie einen

guten Überblick über die wichtigsten Bereiche der mittelalterlichen Stadt gewährten. Das komfortabel ausgestattete Repräsentationsgebäude diente unter anderem als fürstliches Gästehaus und als Wohnhaus des Bürgermeisters. Heute beherbergt es das **Schlesische Museum**. Ein Museumsbesuch eröffnet auch den Blick auf die wertvolle Innenarchitektur und die bemalten Holzbalkendecken.

Der sich anschließende **Untermarkt** ist der zentrale Platz in der Altstadt. Er ist durch eine mittige Bebauung, die sogenannte Zeile, in der sich auch die Waage befand, in einen nördlichen und einen südlichen Teil getrennt. Im südlichen Bereich steht der Neptunbrunnen von 1756. Am Untermarkt und in den angrenzenden Straßen stehen prächtig restaurierte Bürgerhäuser im Stil der Renaissance und des Barocks. Besonders hervorzuheben sind neben dem Rathaus vor allem die Ratsapotheke mit den zwei Sonnen-

Die Brüderstraße verbindet Obermarkt und Untermarkt.

13

uhren und das Haus am Untermarkt 22. Dieses alte Kaufherrenhaus mit seinem spätgotischen Rundbogenportal hat eine akustische Besonderheit. Man kann auf einer Seite des Portals etwas hineinflüstern, was auf der anderen Seite deutlich und klar zu verstehen ist. Deswegen wird das Portal auch **»Flüsterbogen«** genannt.

Ein Ausdruck des Reichtums und des Selbstbewusstseins, aber auch des künstlerischen Anspruchs der Görlitzer Kaufleute, war der Bau von **Hallenhäusern**. Den Häuserfronten sah man oftmals nicht an, was sich im Inneren der Häuser verbarg. Eingangshallen, groß genug, um ganze Pferdefuhrwerke aufzunehmen, dienten dazu, Waren zu begutachten und Geschäfte zu machen. Sie waren Messeplatz, Kaufhaus und natürlich repräsentatives Wohnhaus in einem. Dabei waren die Hallen oftmals architektonisch und künstlerisch sehr aufwendig gestaltet. 32 Hallenhäuser gibt es noch in Görlitz. Am Untermarkt 5 empfängt in einem der schönsten Hallenhäuser das Hotel Frenzelhof seine Gäste. Auch Goethe war schon von diesem Haus begeistert. Direkt daneben, am Untermarkt 3,

◀ Napoleonhaus am Obermarkt ▶ Peterskirche – ein Wahrzeichen von Görlitz

Das Neue Rathaus mit seiner Neorenaissancefassade am Untermarkt

kommt man durch die historische Halle dieses Hauses zu einem Antiquitätengeschäft. Ein unrestauriertes Hallenhaus ist in der Brüderstraße 9 zu besichtigen, und natürlich gibt es auch zu den Görlitzer Hallenhäusern thematische Führungen.

Nur wenige Schritte vom Untermarkt entfernt steht ein weiteres Wahrzeichen von Görlitz, die Pfarrkirche St. Peter und Paul, auch **Peterskirche** genannt. Sie ist eine der größten und bedeutendsten Hallenkirchen in Ostdeutschland. Die fünfschiffige Kirche mit dem kupfergedeckten Hochdach und den zwei neugotischen Kirchtürmen thront über der Neiße und der Altstadt. Sehenswert sind im Inneren vor allem der Altar und die Sonnenorgel.

Über die Altstadtbrücke erreicht man den polnischen Stadtteil **Zgorzelec**. Hier findet man entlang der Lausitzer Neiße zahlreiche Restaurants mit einem guten Speisenangebot. Für den Rückweg kann man die neißeaufwärts liegende Papst-Johannes-Paul II-Brücke nehmen. Auf diesem Weg zurück in die Görlitzer Altstadt liegen noch zwei architektonische Highlights. Auf polnischer Seite befindet sich die Oberlausitzer Gedenkhalle, ein sehenswerter Monumentalbau aus wilhelminischer Zeit, heute als Kulturhaus von Zgorzelec genutzt. Und auf deutscher Seite steht das erst kürzlich nach 30-jähriger Sanierung und Rekonstruktion wiedereröffnete »Kulturforum Görlitzer Synagoge« an der Otto-Müller-Straße. Hier werden individuelle Besichtigungen und Führungen angeboten.

Die thematische Stadtrundfahrt »Görliwood« startet auf dem Obermarkt.

BERZDORFER SEE

Am südlichen Stadtrand von Görlitz wurde in den letzten Jahren ein Naturparadies geschaffen. Hier, wo seit 160 Jahren bis 1997 Braunkohle gefördert und im nahe gelegenen Kohlekraftwerk Hagenwerder zur Stromerzeugung verbrannt wurde, entstand einer der größten und vielleicht auch schönsten Seen Sachsens. Mit 960 Hektar glitzernder Wasserfläche und einer Tiefe von bis zu 72 Metern ist er das attraktivste **Naherholungsgebiet** der Görlitzer und ihrer Gäste. Die angelegte Uferbepflanzung entwickelt sich und verleiht dem See ein zunehmend natürlicheres Aussehen. Um den See führt ein 17 Kilometer langer und fast durchgängig asphaltierter Fuß- und Radweg mit Bänken und Infotafeln. Alles ist sauber und gepflegt. Das trifft insbesondere auf die Strandbereiche am Nordufer und auf den touristischen Schwerpunkt am Südufer zu. Hier im Süden sind die rund um den See geplanten touristischen Vorhaben am weitesten fortgeschritten. Der als **Blaue Lagune** bezeichnete Strandabschnitt ist für sonnenhungrige und badebegeisterte Gäste die erste Adresse. Weißer Sand und das glasklare Wasser lassen vergessen, dass man sich gerade am ehemaligen Braunkohletagebau erholt. Spielplatz, Sportanlagen, Imbiss, Grillplatz und ein Hundestrand lassen kaum Wünsche offen. Direkt hinter der Blauen Lagune ist ein Campingplatz im Bau. Die moderne Anlage wird voraussichtlich 2023 unter dem Namen Piratencamp mit 130 Stellplätzen für Wohnmobile und Caravans eröffnen. Gleich daneben entstand an der Halbinsel der Tauchritzer Hafen mit neuem Hafengebäude und dem Segelbootstützpunkt. Hier ist auch ein einfacher Wohnmobilstellplatz ausgewiesen. Neben dem Hafen eröffnete 2018 die »Insel der Sinne«, ein 4-Sterne-Hotel mit einem spektakulären Blick auf den See. Im gehobenen Restaurant oder auf der Seeterrasse fühlen sich auch Wohnmobilisten sehr wohl. Südlich des Sees kann man einen der letzten Schaufelradbagger, den »Bagger 1452« besichtigen und unter fachkundiger Führung bis auf 24 Meter Höhe besteigen. Der Bagger, Baujahr 1961, war zuerst in einem Tagebau südlich von Leipzig und ab 1970 bis 2001 – die letzten Jahre zur Kultivierung – im Berzdorfer Tagebau im Einsatz. Wer jetzt noch Lust auf weitere Höhentouren bekommen hat, dem sei ein kleiner Ausflug zum **Aussichtsturm Neuberzdorfer** Höhe empfohlen. Eine schöne Aussicht über den Berzdorfer See ist fast immer möglich, bei guter Fernsicht reicht der Blick bis zum Riesengebirge.

KLOSTER ST. MARIENTHAL

Schwingt man sich am Berzdorfer See aufs Rad, dann erreicht man nach knapp 15 Kilometern Genussradeln auf dem Neiße-Radweg das schöne **Kloster St. Marienthal** in Ostritz. Seit seiner Gründung 1234 war

Zgorzelec hat einige nette Restaurants entlang der Neiße.

Das Kloster Marienthal in Ostritz ist immer einen Besuch wert.

es ununterbrochen bewohnt und ist damit das älteste Frauenkloster des Zisterzienserordens in Deutschland. Irgendwie ist es auch ein magischer Ort. Schon wenn man den Klosterhof betritt, hat man das Empfinden, dass man sich an einem ganz außergewöhnlichen Platz befindet. Die gepflegten Außenanlagen, verspielt plätschernde Brunnen und die Klosteranlage im Stil des böhmischen Barocks entfalten eine ganz besondere Stimmung. Alles wirkt irgendwie entschleunigt, ruhig und friedlich. Bei der empfehlenswerten Führung durch das Kloster erfährt man, dass es im Laufe der Jahrhunderte nicht immer so ruhig und friedlich zuging. 1427 zerstörten die Hussiten das Kloster, 1683 dann ein Großbrand, zwei verheerende Hochwasser der Neiße richteten großen Schaden an und 1945 wollte erst die SS und dann die russische Armee das Kloster sprengen. Aber allen Problemen zum Trotz haben die Glaubensschwestern immer wieder einen Weg gefunden und das Kloster schöner als vorher wiederaufgebaut, es wirtschaftlicher gemacht oder vor Zerstörung bewahrt. So fand man auch Wege, das Kloster durch die DDR-Zeit zu bringen. Nach 1990 wurde St. Marienthal umfassend saniert. Das Konventgebäude mit dem Mittelturm, die Kreuz- und Michaeliskapelle, die Klosterkirche, die Dreifaltigkeitssäule und die Statue des heiligen Nepomuk beeindrucken heute mehr denn je durch ihre Architektur, die künstlerische Gestaltung und durch die hochwertige Sanierung der letzten Jahre. Das Kloster ist auch Veranstaltungs- und Begegnungsstätte für Menschen aus aller Welt. Besucher sind eingeladen das Klosterleben kennenzulernen, im Gästehaus zu übernachten oder sich in der Klosterschänke ganz weltlichen Genüssen hinzugeben.

AUF EINEN BLICK

Info

STADT/REGION: Görlitz/Oberlausitz
BESTE REISEZEIT: Ganzjährig
OPTIMALE REISEDAUER: 2–3 Tage
TOURISTINFO: Görlitz Information, Obermarkt 32, Tel. 03581/475 70, goerlitz.de; Touristbüro i-vent, Obermarkt 33, Tel. 03581/42 13 62, goerlitz-tourismus.de

SEHENSWÜRDIGKEITEN

GÖRLITZ ALTSTADT: urbanmeanderer.de
KAUFHAUS GÖRLITZ: (noch geschlossen), kaufhaus-goerlitz.eu
GÖRLITZER HALLENHÄUSER: frenzelhof.de
KULTURFORUM GÖRLITZER SYNAGOGE: Otto-Müller-Straße 3, 02826 Görlitz, Tel. 03581/67 24 31, kulturforum-goerlitzer-synagoge.de
BERZDORFER SEE: ostsachsen.de
NEUBERZDORFER HÖHE: outdooractive.com
KLOSTER ST. MARIENTHAL: St. Marienthal 1, 02899 Ostritz, Tel. 035823/773 00, kloster-marienthal.de

Untermarkt mit Kaufherrenhäusern und der Ratsapotheke

AUF EINEN BLICK

CAMPING AM KÜHLHAUS

ADRESSE: Am Bahnhof Weinhübel 2, 02827 Görlitz,
Tel. 03581/42 99 26, kuehlhaus-goerlitz.de
GPS: 51°07'47.1"N 14°58'12.4"E 51.129750, 14.970104
Alternativer Campingplatz am Industriedenkmal Kühlhaus, sauber, unkompliziertes und freundliches Personal, guter Ausgangspunkt für einen Stadtbesuch, Entfernung zur Altstadt 5 km, Bahnverbindung in die Innenstadt, das Kühlhaus ist Mittelpunkt der Görlitzer Freien Kulturszene, geöffnet April bis Oktober

SPORT- UND FREIZEITPARADIES ROSENHOF

ADRESSE: Geschwister-Scholl-Straße 15, 02827 Görlitz,
Tel. 03581/748 20, rosenhof-goerlitz.eu
GPS: 51°08'09.4"N 14°57'42.0"E 51.135955, 14.961656
Ruhig gelegener, großer Stellplatz an einem Reiterhof, ausreichend Kapazität, Reservierung nicht erforderlich, Ver- und Entsorgung, einfache Sanitäranlagen, Restaurant, Kinderspielparadies, Entfernung zur Altstadt 4 km, zum Berzdorfer See 8 km, ganzjährig geöffnet

Stellplätze am Berzdorfer See mit grandiosem Ausblick

◀ Abendstimmung am See ▶ Strandabschnitt Blaue Lagune im Süden

REISEMOBIL- & CARAVANS-HOKE

ADRESSE: Zittauer Straße 62, 02826 Görlitz, Tel. 03581/878 76 64, womomario.de

GPS: 51°08'20.4"N 14°58'44.7"E 51.139004, 14.979080

Stellmöglichkeit für vier Wohnmobile bei einem Händler, Ver- und Entsorgung vorhanden, Fußweg zur Altstadt 20 Min., Straßenbahnhaltestelle vor der Tür, ideal für eine Stadtbesichtigung

WOHNMOBILPARKPLÄTZE AM BERZDORFER SEE

Die Stellmöglichkeiten am See sind meist einfache Parkplätze ohne Ausstattung, schöne Lage am See, Radwege gut erreichbar, Entfernung zur Görlitzer Innenstadt ca. 9 km

PARKPLATZ HAFEN

ADRESSE: Hafenstraße 100, 02827 Görlitz

GPS: 51°04'22.7"N 14°57'22.2"E 51.072982, 14.956158

PARKPLATZ ZUM NORDSTRAND

GPS: 51°06'36.3"N 14°57'56.3"E 51.110071, 14.965646

PARKPLATZ STRAND OASE (NORDSTRAND)

GPS: 51°06'33.9"N 14°58'07.8"E 51.109413, 14.968834

TAGESPARKPLATZ CHRISTOPH-LÜDERS-STRASSE

GPS: 51°09'18.2"N 14°58'39.3"E 51.155064, 14.977589

Stadtnaher, großer Pkw-Parkplatz, auf dem das Tagesparken mit Wohnmobilen toleriert wird, gut für einen Tagesbesuch der Altstadt, Fußweg bis Obermarkt 10 Min., keine Übernachtung

ORTS- UND SACHREGISTER

CAMPING- UND STELLPLÄTZE

IMPRESSUM

Verantwortlich: Kerstin Thiele
Lektorat: Christian Schneider
Layout- und Umschlaggestaltung:
Helene Schumacher
Satz: Silke Schüler
Repro: LUDWIG:media
Kartografie: Huber Kartografie
Herstellung: Anna Katavic

Printed in Slovenia by Florjancic

Unser komplettes Programm finden Sie unter www.bruckmann.de

Sind Sie mit diesem Titel zufrieden? Dann würden wir uns über Ihre Weiterempfehlung freuen. Erzählen Sie es im Freundeskreis, berichten Sie Ihrem Buchhändler, oder bewerten Sie bei Onlinekauf. Und wenn Sie Kritik, Korrekturen, Aktualisierungen haben, freuen wir uns über Ihre Nachricht an Bruckmann Verlag, Postfach 40 02 09, D-80702 München oder per E-Mail an lektorat@verlagshaus.de.

In diesem Buch wird aus Gründen der besseren Lesbarkeit das generische Maskulinum verwendet. Weibliche und anderweitige Geschlechteridentitäten werden dabei ausdrücklich mitgemeint, soweit es für die Aussage erforderlich ist.

Bildnachweis: Alle Bilder im Innenteil und auf der Umschlagvorder- und rückseite stammen vom Autor, außer: S. 5, 13 li., 54, 83, 84 re., 119 re., 129, 140, 145 li., 147, 148 li. und re.: Steffi Voigt; S. 6: Tourismusverband Sächsische Schweiz, Felix Meyer; S. 10: Jürgen Milnik; S. 15: Tourismusverband Sächsische Schweiz, Kenny Scholz; S. 16: Mike Mareen/stock.adobe.com; S. 18: Freesurf/stock.adobe.com; S. 24, 34, 46 re., 47, 145 re.: Armin Dietrich; S: 36 li.: Wolfgang Hanko; S. 36 re., 37: SDG-Kathi Schmidt; S. 42: EKH-Pictures/stock.adobe.com; S. 48: Sina Ettmer/stock.adobe.com; S. 55: gabort/stock.adobe.com; S. 56: HGH-comofoto/stock.adobe.com; S. 59: Rico Ködder/stock.adobe.com; S. 61: pmac/stock.adobe.com; S. 76: Tourismusverband Sächsische Schweiz, Rico Richter; S. 88: Hartmut Burg/stock.adobe.com; S. 98: Festung Königstein/MajorTomLuftbilder; S. 118: Tourismusverband Sächsische Schweiz, Achim Meurer; S. 124 re.: Hagen König/Bio- und Nationalparkrefugium Schmilka; S. 144/146: Harald Thiele; S. 155: Daniel Hoppe/EGZ; S. 156 re.: Plugge/EGZ; S. 157: Europastadt GörlitzZgorzelec GmbH; S. 163: Sabine Wenzel/EGZ; Illustrationen: Tiwat K/Shutterstock: passim

Umschlagvorderseite: Elbsandsteingebirge: Elbblick; shutterstock/Simon Dannhauer
Umschlagrückseite: Wiesentorstraße, Parkplatz gegenüber der Altstadt von Dresden

Die Deutsche Nationalbibliothek verzeichnet diese Publikation in der Deutschen Nationalbibliografie; detaillierte bibliografische Daten sind im Internet über http://dnb.d-nb.de abrufbar.

ISBN 978-3-7343-1687-6